Immer wenn der Mond aufgeht

Immer wenn der Mond aufgeht

Märchen, Legenden und Erzählungen
aus Algerien

Nach mündlicher Überlieferung
und nach alten und neuen Texten erzählt von
DORIS HASSAN-DAUFELDT

Mit Illustrationen von
INGEBORG FROST-BENZIAN

Verlag Edition Orient

Copyright VERLAG EDITION ORIENT, 1981
Grimmstraße 27, 1000 Berlin 61
Titelentwurf und -satz Harald Weller, unter Verwendung
einer Zeichnung von Ingeborg Frost-Benzian
Satz: Haussatz
Druck und Bindung: Rainer Verlag, Berlin
ISBN 3-922825-03-6

Inhalt

Vorwort: Immer wenn der Mond aufgeht	7
Der lange Ritt	9
Die Flöte von Bachir	19
Der verlorene Hirte	27
Der Mosesfisch	43
Die Entstehung von Tag und Nacht	47
Sidi Cheikh und das Kuskusessen	49
Das Erdbeben	53
Die Quelle	61
Abdelhamid und die Heiligen	65
Warida und Ali und die Kalkkaskaden	71
Tin Hinan, die Königin der Tuareg	79
Sophoniba und Masinissa	83
Die Entstehung von Ghardaia	89
Die alte Aischa	95
Das Ziegenfell	99
Die getreuen Schwestern	105
Das Nomadenmädchen Hiziya	109
Anmerkungen	115

Immer wenn der Mond aufgeht

Im Fastenmonat Ramadan, immer wenn der Mond aufgeht, versammeln sich Freunde, Verwandte und Nachbarn in Gruppen und Grüppchen in den Gärten, auf den Terrassen oder in den Häusern und erzählen einander neue und alte Geschichten. Diese Abende führen die Menschen in Nordafrika weit zurück bis in die Zeit der Numider und Römer, der Araber und Türken. In den Märchen, Legenden und Sagen lebt die Vergangenheit, doch unversehens gehen diese alten Zeiten in die jüngste Zeit über. Auch die Jahre des Unabhängigkeitskampfes, die den Menschen in Algerien immer noch lebhaft vor Augen stehen, haben bereits ihren Platz im kulturellen Erbe des Landes. Oft verwischen sich die Grenzen zwischen Ferne und Nähe, alte Legenden weisen Motive aus der unmittelbaren Gegenwart auf, neue Erzählungen nehmen legendenhafte Züge an.
Die hier versammelten Geschichten lassen sich drei Kreisen zuordnen. Der erste Kreis umfaßt Erzählungen aus der jüngsten Vergangenheit, überwiegend aus der Zeit des algerischen Unabhängigkeitskampfes gegen Frankreich. Der zweite Kreis bringt Legenden und Anekdoten um Volksheilige, Volksbräuche und Aberglauben. Der dritte trägt gewissermaßen einen historisch-geographischen Charakter. Er führt in die ferne Vergangenheit. Die Geschichten dieses Teils sind ortsgebunden.
Immer wenn der Mond aufgeht, im Monat Ramadan, erzählen die Menschen aufs neue ihre alten Geschichten und formen sie neu.

Der lange Ritt

Es ist nicht lange her, da ritt ein Mädchen auf einem Esel durch die Berge. Schon seit einigen Monaten waren die Berge nicht mehr der unberührte geheimnisvolle Bereich der Djenouns, der Geister. Die Zeit war gekommen, da die Geister der Berge denen Schutz boten, die sich gegen Ungerechtigkeit und Unterdrückung zur Wehr setzten, und die für die Freiheit kämpften, für ein unabhängiges Algerien. „Von unseren Bergen steigt empor die Stimme des freien Menschen", sangen die Revolutionäre. Algerien war noch eine Kolonie Frankreichs. Erst ein langer Krieg zwischen Algerien und Frankreich, der Jahre dauerte, brachte die Befreiung.
Das Mädchen Fadela war noch sehr jung, aber sie hatte einen wichtigen und gefährlichen Auftrag erhalten: Sie sollte einer Gruppe von Revolutionären in einem Versteck in den Bergen eine Nachricht bringen. Ihr Bruder war schon seit vielen Wochen bei den Revolutionären. Durch ihn hatte sie Taher, seinen Freund, kennengelernt. Sie hoffte sehr, ihn wiederzusehen.
Fadela war in der Morgendämmerung aufgebrochen und ritt schon seit einigen Stunden durch die Berge. Die Wege waren schmal und staubig, voller Geröll und Wurzeln. Manchmal waren sie gefährlich; auf der einen Seite ragten die Berge hoch empor, auf der anderen fielen sie steil hinab in tiefe Schluchten.
Der Weg schien endlos. Fadela ritt durch einen dichten Wald, würzig roch es nach Zedern und nach merkwürdigen, seltenen Kräutern. Sie hätte Lust gehabt, sie zu sammeln, aber es war jetzt nicht die Zeit. Auf einer Anhöhe machte sie eine kurze Rast, um Wasser aus einem Brunnen vor einer Hütte zu schöpfen. Niemand war zu sehen. Sie war sehr müde und fühlte sich einsam. Schließlich erreichte sie

ein Tal. Frauen und Männer waren auf den Feldern. Es war Erntezeit. Kinder spielten, Schafe und Ziegen weideten, eine Windmühle bewegte träge ihre Flügel. Alles schien friedlich. Fadela versteckte sich hinter ein paar Büschen; sie durfte nicht gesehen werden, um die Freunde in den Bergen nicht zu gefährden. Sie wartete bis die Sonne hinter den Gipfeln versank und alle nach Hause gingen. In der Dämmerung begann die Windmühle zu klappern. Die Nacht breitete sich über dem Land aus. „Nun sind alle zu Hause", dachte sie und wurde traurig. Zu Hause, das war für sie das kleine weiße Haus, der Duft der Mandelbäume, Tamarisken und Mimosen im Garten, die Geschwister, die Eltern, die Großeltern. Ihre Großmutter pflegte zu sagen: „Ein Mädchen verläßt das Haus nur zweimal: wenn sie heiratet und wenn sie stirbt." Aber die Zeiten haben sich geändert.
Sie fühlte die Kette an ihrem Hals, eine goldene Kette mit einem Anhänger, einer kleinen Hand, die sie beschützen sollte. Taher, der sie in den Bergen erwartete, hatte ihr die Kette geschenkt. Sie dachte an ihn, an die Zeit zu Hause, und die Traurigkeit verflog. Sie mußte weiterreiten, tiefer in die Berge hinein, bis sie zu einer Höhle kam. Das war der erste Treffpunkt.
Aber nicht Taher, sondern Ahmed, sein Freund, wartete dort auf sie. „Warum ist Taher nicht mitgekommen?" „Er mußte weiter, er wartet auf dich, morgen, in der Schlucht am Wasserfall. Nimm das und bleibe hier bis zum Morgen, ich muß sofort weiter." Er gab ihr ein kleines Bündel, Brot, Datteln und das Losungswort.
Das war das Wichtigste: Sie mußte es sich merken und es an Taher weitergeben. Ahmed ging, sie blieb allein. Die Höhle war feucht und kalt, aber sie bot Schutz. Die Felsen um sie her bildeten in der Finsternis seltsame Formen, unheimliche Gestalten, die sich bewegten, auf sie zukamen. Sie hatte Angst und dachte an das warme Tal, an die Menschen dort. Nach einer Weile schlief sie vor Erschöpfung ein.
Sie träumte viel und wirr. Sie träumte von dem Wort, das sie Taher mitteilen sollte: al-lail, die Nacht. In der Nacht hatte sie immer Angst. In der Nacht hatten die Franzosen ihren Vater geholt, er war nie zu-

rückgekommen. In der Nacht brachte ein Franzose ihnen oft etwas zu essen. Er besaß ein kleines Geschäft und half ihnen in der Not. In der Nacht war auch er verhaftet worden, weil er einen Algerier in seinem Haus versteckt hatte. In der Nacht verfolgten sie immer unheimliche Gestalten; sie wollte weglaufen, aber sie konnte nicht. In der Nacht hatte sie immer Angst. „Al-lail", „Nacht", nur dieses Wort mußte sie Taher sagen. Aber sie wollte ihm soviel mehr sagen.

Noch vor Sonnenaufgang brach sie auf. Weiter ging es staubige und steinige Pfade entlang, die immer schmaler und gefährlicher wurden, immer tiefer ins Gebirge hineinführten, in die zerklüfteten Felsen des Kalksteinmassivs. Wieder war ein Tag vergangen, wieder verschwand die Sonne hinter den Bergen. Endlich hatte sie die Schlucht erreicht.

Taher erwartete sie. Wie glücklich sie waren, sich nach langer Zeit wiederzusehen! Ein Felsvorsprung bot ihnen Unterschlupf. Vieles wurde besprochen, neue Treffpunkte wurden ausgemacht, neue Worte. Noch drei Tage mußte sie aushalten.

Morgen wird Ahmed auf dich warten", sagte Taher. „Wenn du morgen unseren Weg weiterreitest, kommst du gegen Nachmittag zu einem Wasserfall. Du gehst den Pfad in Richtung Osten, vorbei an einer verlassenen Mühle, nach 500 Metern siehst du eine kleine Hütte, dort wartet Ahmed. Du gibst ihm diesen Zettel, sagst ihm unser Losungswort und reitest nach einer Stunde weiter. Gegen Abend erreichst du dann ein kleines Dorf. Dort wartet auf dem Dorfplatz am Brunnen eine Frau, Ahmeds Schwester, auf dich, auch ihr sagst du unser Losungswort."

Fadela hatte genau zugehört, und sie fragte Taher: „Warum kommst du nicht mit mir?" „Es geht nicht, wir haben die Hände nicht frei. Nicht jetzt! Du mußt allein weiter. Ich warte wieder auf dich, übermorgen am Fluß, du weißt Bescheid. Sei noch vorsichtiger, sie sind uns auf der Spur!"

„Gut, ich passe auf, es wird alles gut gehen", sagte sie. Die Nacht war viel zu kurz, der Morgen graute schon, dichter Nebel lag über den Bergen. Taher mußte aufbrechen, und sie auch. Der Abschied war

schwer. „Kommst du auch bestimmt übermorgen zum Fluß?" fragte sie nochmals. „Ganz bestimmt", antwortete Taher.
Wieder war sie allein. Wieder ging es steil den Berg hinauf. Oft mußte sie absteigen und den Esel hinter sich herziehen, Gestrüpp und Geröll versperrten den Weg. Sie hatte Mühe, den ersten Treffpunkt, die Hütte, zu finden.
Unterwegs begegnete ihr ein kleiner Junge, der rannte auf sie zu und zeigte ihr eine kleine Schlange und einen Vogel, die er gefangen hatte. „Ach, laß sie frei", sagte das Mädchen, aber der Junge lachte und rief: „Sie sind doch frei – wie du!" Dann lief er schnell weg. Sie wollte ihn noch nach dem Weg fragen, aber er war schon längst im Wald verschwunden. Sie hatte Angst, und um sich zu beruhigen, summte sie das alte Lied vom Mandelbaum:

„Kommt und seht, der Mandelbaum blüht jetzt
Eine Schwalbe sonnt sich im Geäst
Der Bote froher Kunde kommt...
Die Blüten hat der Wind zerstreut,
der frische Tau hat sie benetzt..."

Sie wollte der Bote der glücklichen Nachricht sein. – Hoffentlich war Ahmed da, hoffentlich ging alles gut; sie konnte ihre Angst nicht überwinden. Endlich erreichte sie die Hütte; Ahmed war aber nicht da. Sie setzte sich auf den Boden, lehnte sich gegen einen Strohballen, wollte etwas Brot essen, aber sie brachte keinen Bissen hinunter. Da wurde plötzlich die Tür aufgerissen, und ein Soldat der französischen Armee brüllte sie an: „Was machst du hier? Was hast du hier zu suchen? Wartest du auf jemanden?" „Ich ruhe mich aus – ich sammle Pilze hier, wie schon oft", antwortete sie. Das Stroh bewegte sich! „Wachsen da vielleicht auch Pilze", fragte der Soldat lachend und kam auf sie zu. „Ach, das ist nur die Katze... ", antwortete sie schnell und ohne zu überlegen, griff ins Stroh und hob ein Bündel hoch – und tatsächlich sprang eine kleine Katze hervor. Sie konnte es nicht fassen und verstand selbst nicht, wie sie auf die

Idee mit der Katze gekommen war. „Magst du keine Katzen", fragte sie den Soldaten, der etwas verdutzt dreinblickte. In diesem Augenblick kam auch noch der kleine Junge, den sie unterwegs getroffen hatte und rief: „Ach, da ist ja die Katze, gib sie mir, Schwesterchen, ich will ihr etwas Milch geben." So kam es, daß der Soldat ohne ein weiteres Wort zu verlieren, die Hütte verließ und weiterzog.
„Du hast uns gerettet", sagte Fadela. „Ja, ich weiß", sagte der Junge, „Ahmed ist im Stroh versteckt – komm raus jetzt!" rief er und schob mit seinen dünnen Armen ein schweres Bündel Stroh zur Seite. Ahmed kroch heraus, schwitzend vor Angst und Hitze.
„Oh, mein Gott, beschütze uns", stieß er hervor, „wir müssen alle so schnell wie möglich weg, sonst sind wir verloren." In Eile besprachen sie das Nötige, küßten und umarmten den Jungen, der sie gerettet hatte, und brachen auf in verschiedene Richtungen. „Kennst du den Jungen?" fragte Fadela noch – „nein, nie gesehen", sagte Ahmed, „ich dachte, du kennst ihn!"
Es war schon sehr dunkel, als Fadela den Dorfplatz erreichte. Schon von weitem hatte sie eine Frau am Brunnen erblickt. Nun lief sie auf sie zu, und sie umarmten sich, als ob sie sich seit ewigen Zeiten kannten. Fadela weinte, so glücklich war sie, die Nacht bei Menschen in einem Haus verbringen zu können. In der Nacht saßen sie noch lange beisammen, aßen ein wenig Kuskus und tranken Buttermilch dazu, und Fadela genoß die warme Mahlzeit, die sie so lange entbehrt hatte. Es war schon sehr spät, als sie sich schlafen legten. Sie schlief sofort ein, und wieder träumte sie: Sie saß vor dem kleinen weißen Haus von Ahmeds Schwester, es war ein Nachmittag im Herbst, es war sehr still im Dorf, fast zu still. Da kam plötzlich eine französische Militärpatrouille, und das ganze Dorf wurde lebendig, Fenster wurden geöffnet, andere geschlossen, uralte Männer traten vor die Häuser, bildeten kleine Gruppen und warteten... Kein junger Mann war zu sehen. Auch eine alte Frau stand allein vor einem kleinen weißen Haus, in ihrem Gesicht langen Angst und Schmerz. Die Soldaten kamen auf sie zu, schoben sie beiseite, drangen in das Haus ein und schleppten einen jungen Mann heraus, auf den sie ein-

schlugen und den sie in einen Wagen zerrten. Dann fuhren sie davon. Es war der Sohn der alten Frau. Fadela sah das faltige Gesicht, die tiefliegenden Augen, aus denen keine Tränen mehr kamen. Ein Gesicht beugte sich über sie, kam näher, Fadela schrie laut auf... plötzlich stand Ahmeds Schwester vor ihr. „Was ist, meine Liebe, beruhige dich, du hast geträumt." „Ach, es war schrecklich", sagte Fadela, „hoffentlich geht alles gut!"
Erst am späten Nachmittag machte sie sich wieder mit ihrem Esel auf den Weg. Da kam, als ob er auf sie gewartet hätte, ein Soldat auf sie zu und fragte: „Wohin, schönes Mädchen, es ist schon spät?" „Ich besuche meine Tante hier in der Nähe, was guckst du so dumm, hast du noch nie eine Frau auf einem Esel gesehen?"
„So, so, deine Tante, grüße sie von mir." Er lachte und ließ sie weiterziehen.
Wieder hatte sie Angst: vor der Dunkelheit, der Nacht, der Einsamkeit und der Kälte, denn es war schon spät im Herbst. Ob sie schon Verdacht schöpften? Diese Frage beschäftigte sie auf dem ganzen Weg. Bald mußte der Fluß kommen, der letzte Treffpunkt mit Taher. Endlich erreichte sie die Stelle. Es war ein kleiner Fluß, der hoch oben in den Bergen entsprang und dessen Wasser kristallklar, aber eisig kalt war. Sie wusch und kämmte sich, steckte ihre langen schwarzen Haare zu einem Knoten zusammen und wartete auf Taher. Er kam mit zwei Stunden Verspätung, war sehr aufgeregt und müde. „Sie sind uns auf der Spur, wir müssen aufpassen, ein ganzes Dorf wurde durchsucht und Ahmeds Freund gefangengenommen... Du darfst nicht mehr weiterreiten, sie wissen, daß du mit uns zusammenarbeitest."
Sie erschrak sehr, denn das war ihr Traum. Sie sagte aber nichts. „Wann werden wir heiraten – und wo soll ich jetzt hin?" fragte sie ihn. Taher umarmte sie. „Wir werden bald heiraten, in einem Versteck in den Bergen, mach dir keine Sorgen, wir werden es schaffen. Sie werden uns nicht erwischen, niemals! Du kannst bei Ahmeds Schwester bleiben und dort auf mich warten... ich komme bald wieder zu dir."

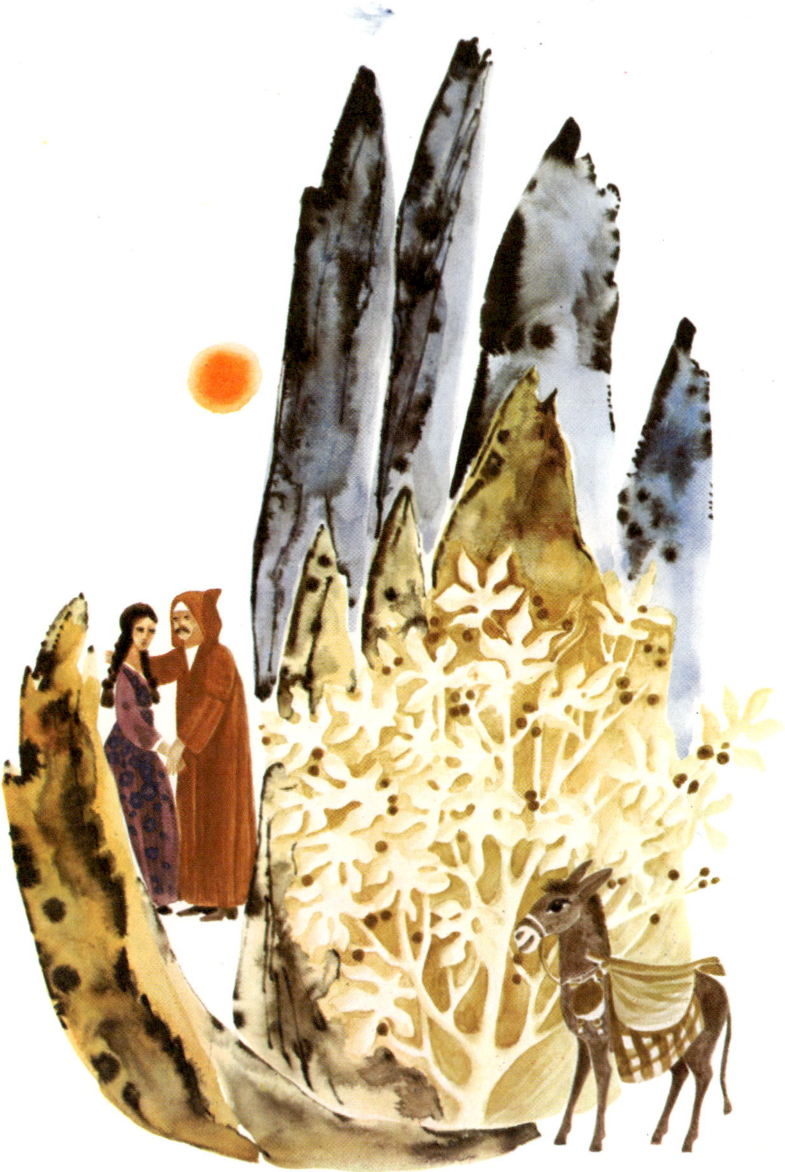

Die ganze Nacht blieben sie wach. Er erzählte ihr von den Schwierigkeiten: von Freunden, die gefangengenommen waren, von Freunden, die wieder freigekommen waren, von solchen, die sie verraten hatten. Und auch von einem Franzosen, der ihnen geholfen hatte, einem Arzt, der die Verwundeten schnell verbunden und ihnen Medikamente gegeben hatte. Sie erzählte von dem langen, beschwerlichen Ritt, von der Angst und von dem Sohn, den sie sich wünschte. „Er wird auch Taher heißen", sagte sie, so, als ob alles schon ganz sicher wäre. Dann erzählte sie auch von dem Soldaten, der sie im Dorf aufgehalten hatte.
Taher erschrak... also auch in diesem Dorf wußte man von ihren Kontakten, kannte man womöglich schon einige mit Namen... aber ihn hatte man trotzdem nicht gefaßt, also kannten sie den Weg zu ihrem Hauptversteck noch nicht. So konnte er nochmals das verabredete Wort erfahren und Fadela ein neues mit auf den Weg geben... und das war entscheidend.
Das neue Wort war „al-lium", „heute". In der frühen Morgendämmerung nahmen sie Abschied, eine Schwalbe flatterte über ihren Köpfen. „Viel Glück", rief sie noch, dann war Taher nicht mehr zu sehen.
Auch Fadela brach auf. Den Esel ließ sie bei einem Bauern, um nicht aufzufallen. Der wollte ihr etwas Geld geben dafür, aber sie lehnte es ab: „Tue Gutes und vergiß es, es wird den Weg zurück zu dir finden", rief sie ihm beim Abschied zu und eilte weiter. Unentwegt dachte sie an das Wort „al-lium"... Sie hatte Angst, es zu vergessen, dieses eine wichtige Wort. Gegen Abend erreichte sie das kleine Dorf, in dem Ahmeds Familie lebte. Ahmed wartete schon am Dorfplatz, entriß ihr geradezu das Wort und war auch schon wieder weg. Seine Schwester kam ihr entgegen, nahm sie mit nach Hause und führte sie sogleich zu ihrem Nachtlager. Sie war so erschöpft, daß sie sofort einschlief.
Am nächsten Tag, als sie erwachte, gab es eine große Aufregung. Alle im Dorf waren auf dem großen Platz versammelt und diskutierten erregt miteinander. Es war der erste Tag des Novembers – die

Revolution hatte begonnen. Alle Städte und Dörfer waren in der Nacht mit Tausenden von Flugblättern und Plakaten überschüttet worden: Aufrufe an das Volk und an die Freiheitskämpfer. In allen Städten und Dörfern waren gleichzeitig Bomben explodiert. In allen Städten und Dörfern hatten sich die Revolutionäre und das Volk gleichzeitig gegen Unterdrückung und Unrecht erhoben.

„Al-lium" –„heute"– heute ist der Anfang, dachte Fadela. Sie wartete auf Taher –, und sie wartete sehr lange...

Die Flöte von Bachir

Das schwerste Jahr des Befreiungskrieges war das Jahr 1958. Das algerische Volk hungerte, Brot wurde zu einer Kostbarkeit. In vielen Familien waren die Väter arbeitslos. Viel verdienten sie ohnehin nicht, die allermeisten Algerier waren damals arme Bauern, Landarbeiter oder kleine Angestellte in untergeordneten Stellungen, die höheren Posten waren ein Privileg der Franzosen. Nur in großen Städten gab es Schulen, die Unterrichtssprache war Französisch. Es war strengstens verboten, Arabisch zu lehren und zu lernen. Über die Hälfte der algerischen Kinder konnte deshalb keine Schule besuchen.

Viele Algerier standen auf der Seite der Revolutionäre oder kämpften selbst in den Reihen der Aufständischen.

In einer Hütte am Rande der Stadt, wo die Einheimischen wohnen durften, saß eine Familie beisammen und wartete. Sie saßen schweigend um den großen Holztisch und lauschten auf jedes Geräusch von draußen. Sie warteten schon seit Stunden auf den Vater. Er hatte sie immer benachrichtigt, wenn er sich verspätete. Diesmal mußte etwas Besonderes, vielleicht etwas Schlimmes, geschehen sein. Eine drückende Schwüle hatte den ganzen Tag in der Luft gelegen, nun fielen endlich die ersten Regentropfen. In dem ärmlichen Zimmer brannte nur eine Kerze. Sie flackerte, wenn der Wind durch die Ritzen pfiff. Von den Wänden bröckelte der Putz, und durch die Decke regnete es herein, so daß sich auf dem Boden schon eine kleine Lache gebildet hatte. Alle ergriff nun die Angst: Der Vater arbeitete schon seit einiger Zeit mit den Aufständischen zusammen... Die Kontrollen der Franzosen wurden immer schärfer, erst vor kurzem waren einige Männer aus dem Viertel verhaftet worden.

Sie schwiegen, und außer den Regentropfen, die durch das Loch in

der Decke auf den Boden fielen, und außer ihrem Atmen war kein Laut zu hören.
Der jüngste Sohn begann zu weinen: „Ich habe Hunger, gib mir ein Stück Brot!" sagte er. Die älteren Kinder wußten schon, daß es nichts zu essen gab, und blickten nur traurig zur Tür.
Auch die Mutter sah auf die Tür und dann auf die Wand neben der Tür, wo eine kleine Tafel mit einem arabischen Spruch hing:

„Ich kann einen Mann nicht verstehen,
der sein täglich Brot nicht findet
und dennoch sein Schwert nicht gegen
alle erhebt."

Es war ein Spruch von Ali Ibn Abi-Taleb, dem Vetter des Propheten Muhammad, dem vierten Kalifen. Immer, wenn sie und die Kinder Angst hatten und den Vater baten, doch nicht wegzugehen, hatte er ihnen diesen Spruch hergesagt. Die Mutter konnte den Spruch nicht lesen, aber sie wußte ihn auswendig und verstand seinen Sinn, doch er befreite sie nicht von der Angst.
Nach einer Weile bat sie den ältesten Sohn, Bachir, mit dem letzten Geld ein Brot zu kaufen.
Es dunkelte schon, als Bachir das Haus verließ. Er dachte an seinen Vater: wo mochte er sein?... was mochte er tun?... Nachdenklich ging Bachir durch die schmalen Gassen, als er plötzlich ganz in der Nähe Schüsse hörte. Schnell verbarg er sich in einem Hauseingang und wartete. Da sah er zwei Männer aufgeregt vorbeieilen und in den Ruinen eines zerstörten Hauses verschwinden. Er schlich hinterher und hörte hinter einem Mauervorsprung ihrem Gespräch zu: Es waren Freiheitskämpfer, Moujahid. Sie hatten in einem französischen Café, das den Einheimischen verboten war, eine Bombe legen wollen, aber ihr Plan war vereitelt worden. Bachir trat aus seinem Versteck vor die Männer und sagte: „Ich bin noch jung, aber vielleicht kann ich euch helfen. Ich werde in das Café gehen und auf meiner Flöte spielen, und sie werden meinem Spiel lauschen. Ich lenke alle

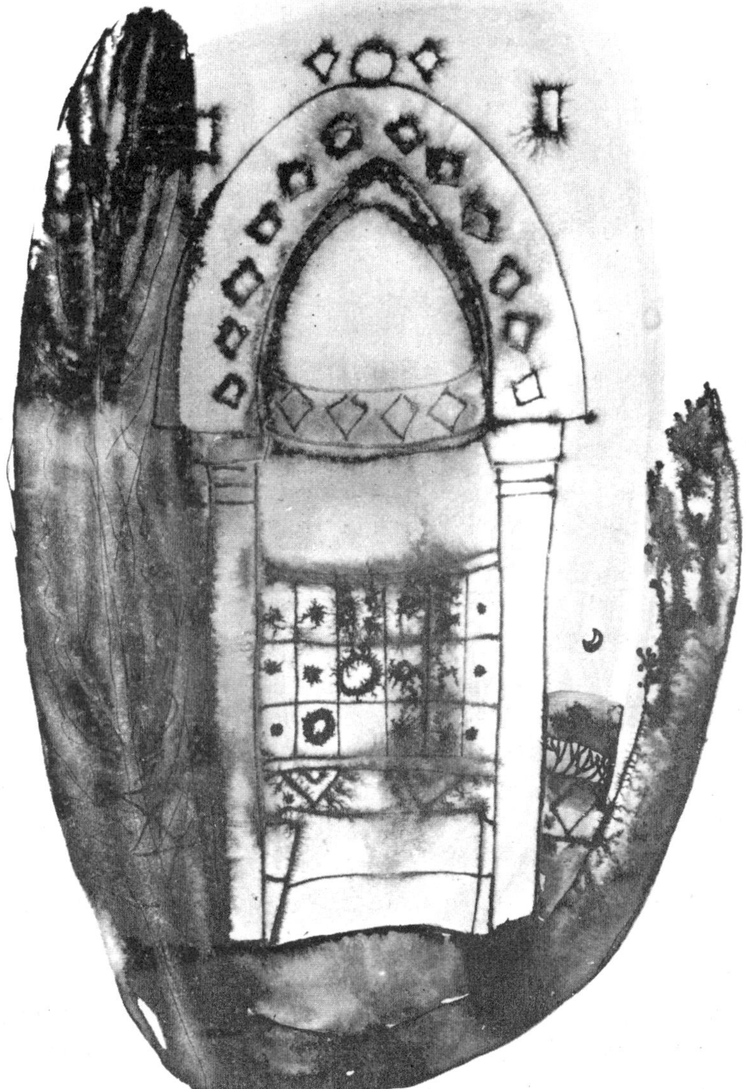

ab, so daß einer von euch unbemerkt in das Café gelangen kann."
Die beiden fragten ihn, ob er nicht Angst habe und weshalb er ihnen helfen wolle.
„Mein Vater arbeitet mit euch zusammen, und auch ich will euch helfen!"
Und er fügte noch hinzu: „Viele kennen mich und freuen sich, wenn ich auf meiner Flöte spiele!"
Nach kurzer Beratung nahmen die beiden Bachirs Vorschlag an und sprachen mit ihm ihren Plan ab.
Es war ein großes Café mit einer überdachten Glasveranda, vor deren Eingangstür Bachir sich aufstellte und auf seiner Hirtenflöte zu spielen begann. Schon nach kurzer Zeit richteten sich alle Blicke im Café auf ihn... und es dauerte nicht lange, bis einer der Gäste rief: „Du, komm herein und spiel uns was vor!"
„Ich darf nicht hinein", antwortete Bachir, „das Café ist für Algerier verboten!" „Stimmt, aber du kannst kommen, du bist noch klein. Also komm schon! Spiel uns was vor!"
Der kleine Bachir trat ein, stellte sich mitten in den Raum und spielte weiter. Er spielte so leidenschaftlich, daß alle wie gebannt zuhörten. Die Kaffeehausgäste rückten mit ihren Stühlen immer näher oder standen sogar auf, um dem Spiel zu lauschen. Der Kreis um Bachir wurde immer enger.
„Ein kleiner Pan", sagte einer.
„Er ist begabt", ein anderer.
„Man möchte nicht glauben, daß die sowas haben", ein dritter.
Bachir spielte und spielte, immer neue Melodien fielen ihm ein. Er hatte völlig vergessen, daß er das Haus verlassen hatte, um Brot zu kaufen. Aber er hatte nicht vergessen, was die Freiheitskämpfer vorhatten, und so ließ er die Tür nicht aus den Augen, bis er einen der beiden von allen unbemerkt, das Café betreten und nach einigen Sekunden wieder verlassen sah.
Bachir rechnete genau. Er spielte sein Lied zu Ende und bewegte sich ganz langsam dem Ausgang zu. Als er fast an der Tür stand, sagte er: „Nun muß ich gehen. Es ist schon spät."

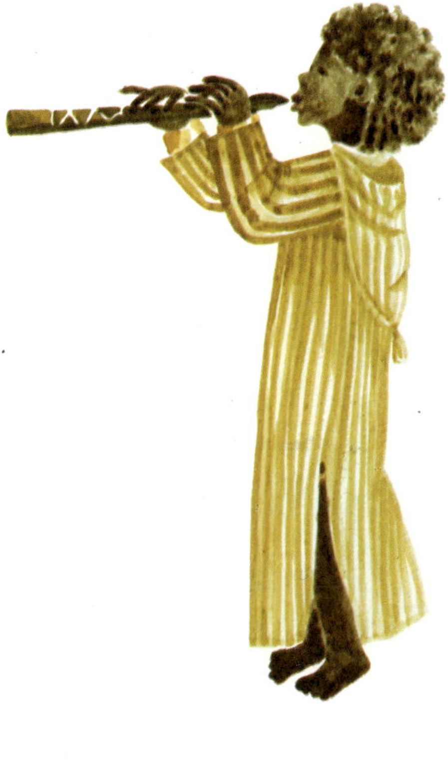

„Ach, bleib doch noch. Spiel weiter! Spiel weiter!" riefen alle begeistert. Sie rückten langsam mit ihm bis zur Tür vor. Bachir spielte, aber er schwitzte vor Angst. Er fühlte mit all diesen Menschen Mitleid, langsam stieg in ihm auch die Angst um sie auf. Aber er erinnerte sich auch des Leides, das ihm, seinem Vater und den anderen Algeriern durch die Franzosen zugefügt wurde, tagtäglich, immer wieder. Sein Vater wurde schon einmal verhaftet und gefoltert, sein Onkel war ermordet worden. Sie hungerten, während die Franzosen alles hatten.

Da sah er unter den Gästen vor sich einen Jungen, der war so alt, so groß wie er, mit großen dunklen Augen und schwarzem Haar wie er. Der Junge hörte ihm wie gebannt zu.

„Nein, der darf nicht sterben, der nicht!" dachte Bachir. Er machte langsam die Tür auf, ging hinaus und rief dem Jungen zu: „Komm heraus, ich spiele ein Lied nur für dich!"

Von einer magischen Kraft gezogen, verließ der Junge das Café, und alle anderen mit ihm. Während Bachir sein letztes Lied spielte, standen alle Kaffeehausgäste bereits auf der Straße, als wollten sie ihm, wohin auch immer, folgen. Da gab es einen ohrenbetäubenden Knall. Die Explosion zerstörte das Café, aber niemand war zu Schaden gekommen.

„Er hat uns gerettet", sagten die Leute, als sie zu sich kamen! „Wo ist er?"

Bachir aber war längst verschwunden.

Als Bachir nach Hause kam, saß der Vater am Tisch und las seinen Kindern den Spruch über der Wand vor:

„Ich kann einen Mann nicht verstehen,
der sein täglich Brot nicht findet
und dennoch sein Schwert nicht gegen
alle erhebt."

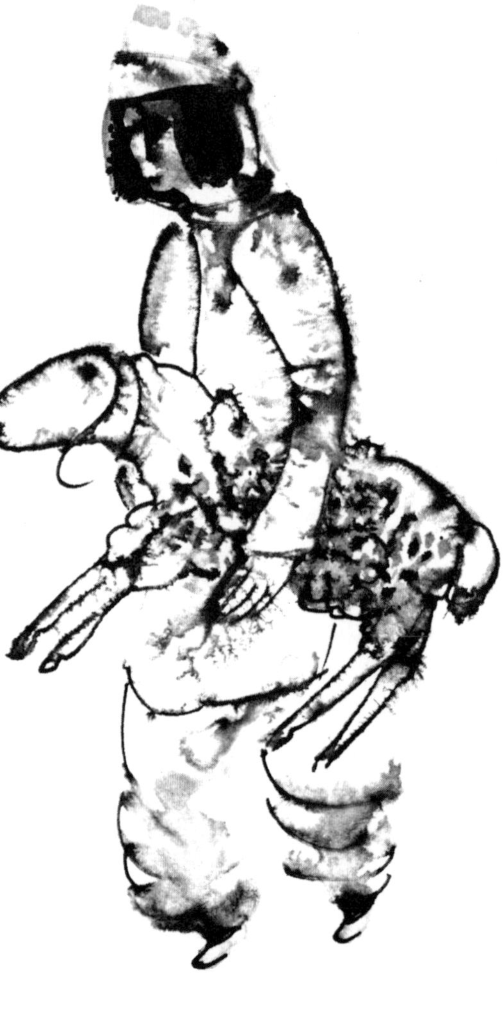

Der verlorene Hirte

Es ist nicht lange her, da lebte ein Hirte, der wachte über eine große Herde Schafe. Tag und Nacht zog er von einer Weide zur anderen, im Frühling, Sommer, Herbst und Winter. Manchmal war es kalt und windig, wenn es auf den Winter zuging, manchmal war es aber warm, fast unerträglich heiß, wenn der Südwind, der Scirocco, über das Land fegte, den Sand aufwirbelte und ihm ins Gesicht peitschte. Dann hockte er im Schutz einer Felswand, eingehüllt in seine Djellabah, die Kapuze tief ins Gesicht gezogen, um sich gegen den feinen Sand zu schützen, der dennoch überall eindrang.
In stürmischen Nächten dachte er an all die anderen Hirten, an die vielen alten und jungen Männer und Knaben, die wie er von einer Weide zur anderen zogen. Er dachte an ihr gemeinsames Los und war überzeugt, daß es nicht das schlechteste war.
Es gab sternklare Nächte, in denen sich der Himmel tiefblau über den Bergen und Ebenen wölbte. Da spielte er auf seiner Flöte, zählte die Sterne und seine Schafe. Und es gab auch mondhelle Nächte, in denen er weit ins Land hineinsehen konnte. Er erkannte den kleinen Marabut vor seinem Dorf, dahinter die Häuser und Hütten... noch weiter hinten ein zweites Dorf, und ganz weit weg, hinter den Bergen, sogar das Meer.
In solchen Nächten war er glücklich. Er liebte dieses Land und wollte es nie verlassen. Er dachte an sein kleines Haus, in das er vor nicht allzu langer Zeit hatte ziehen können, und er dachte daran, wie elend er früher gelebt hatte, damals... als dieses Land weder sein Land noch das Land der Seinen gewesen war. In seiner Einsamkeit sah er seine Kinder, seine Frau, fühlte sich frei, glücklich und stolz, obwohl es gerade zum Leben reichte. Es gab ja auch die Feste, die vielen

Höhepunkte im Jahr: das Fest des Fastenbrechens am Ende des Monats Ramadan, den Geburtstag des Propheten Muhammad und das Opferfest. In den letzten Jahren hatte er es sich immerhin leisten können, ein Schaf zu schlachten. Schon jetzt freute er sich wieder auf das Opferfest. Niemand – dachte er oft – bereitet den Osban, den mit Innereien und Reis gefüllten Schafsdarm, niemand den Bouzelouf, den Schafskopf, so gut zu wie meine Frau.

Aber es gab auch Nächte, in denen er grübelte und an die Zukunft dachte. Ihm gehörte nur ein winziger Teil der Herde, und den hatte er sich in den letzten Jahren hart erarbeitet. Der größere Teil gehörte einem Mann im Dorf, den er nur selten sah. Aber er hoffte, mit der Zeit seine Herde weiter zu vergrößern.

Er hatte sieben Söhne und vier Töchter, von denen drei bereits verheiratet waren. Die Söhne gingen alle noch in die Schule, die vierte Tochter war zu Hause und half der Mutter. Die beiden jüngsten Söhne brachten ihm immer das Essen hinaus auf die Weide. Gelegentlich hütete der älteste Sohn Junis die Schafe, so daß der Vater manche Arbeiten im Dorf und zu Hause verrichten konnte. Aber Junis mochte die Schafe nicht hüten. Immer wieder redete er auf den Vater ein, er solle doch mit der ganzen Familie in die Stadt ziehen, dort fänden sie gute Arbeit, verdienten viel Geld und lebten modern. Aber der Vater verwarf diesen Gedanken und entgegnete, daß es besser sei, im Dorf zu bleiben.

Nun mußte aber Junis die Schule verlassen. Er war einige Male sitzengeblieben und zu alt geworden, um die Prüfung abermals zu wiederholen. Im Dorf fand er keine Arbeit und mußte zu seinem Verdruß immer häufiger die Herde seines Vaters hüten. Inzwischen war der Vater auf seine Hilfe angewiesen, denn er hatte noch eine zweite Herde zu hüten übernommen.

So zogen Sohn und Vater von einer Weide zur anderen, an stürmischen Tagen, an kalten Tagen, an sonnigen Tagen, in stürmischen Nächten, in sternklaren und mondhellen. Manchmal, aber nur manchmal, spielte Junis auf seiner Flöte, und wenn er spielte, so war es immer die gleiche traurige Melodie.

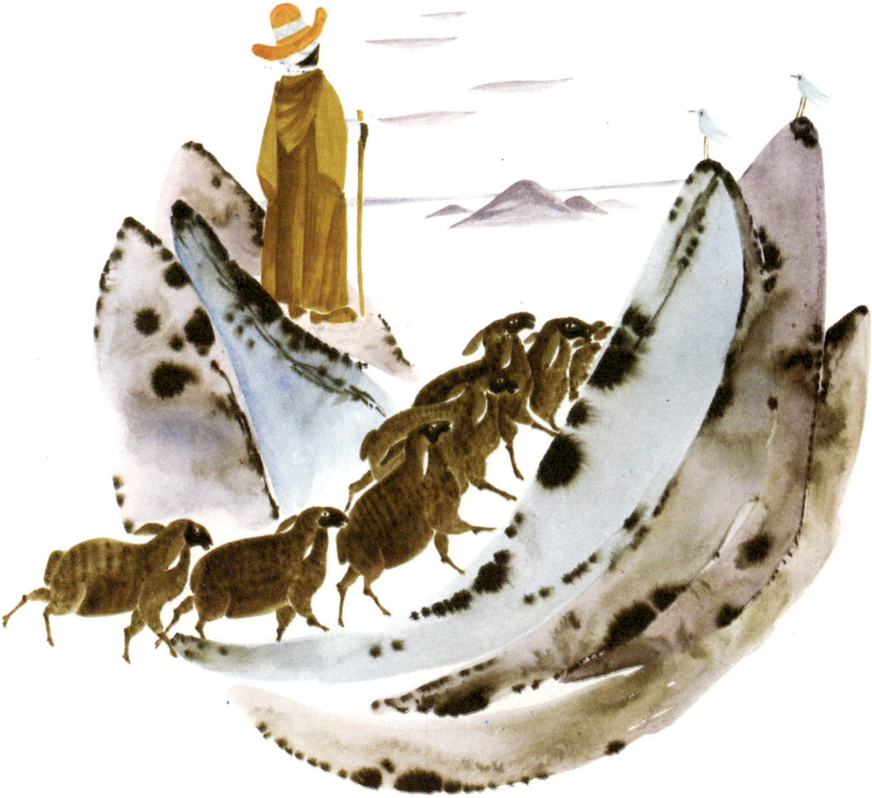

„Die Schafe sind an allem Schuld!" murmelte er in solchen Stunden. Nachts lag er lange wach, und wenn er endlich einschlief, träumte er von den verfluchten Schafen: Einmal war er umringt von einer riesigen Herde, schwarze Schafe, weiße, graue, braune... so weit er blicken konnte. Er stand in der Mitte und wollte sich einen Weg bahnen, aber es war nicht möglich...
Einmal, als er zu Hause war, sich über sein Schicksal bitter beklagte und fluchte: „Ich will hier weg, weg, weg!" tröstete ihn seine Mutter und sagte: „Ach, bleib hier, mein Sohn. Ich weiß nicht viel, aber wer Getreide hat und Wolle, der hat nichts zu fürchten im Leben!"
Er aber antwortete: „Ja, du wirst mich nie verstehen können." Manchmal, wenn er in dieser hoffnungslosen Stimmung war, trieb er seine Herde über die Berge auf einem schmalen Pfad dem Meer zu. Diesen Weg, für den er fast einen Tag benötigte, liebte er sehr. Er führte meist ein wenig bergab, die Schafe gingen schneller als gewöhnlich, ihre raschen Schritte beruhigten ihn, und die Vorstellung überkam ihn, er könnte die Bitternis seines Lebens vergessen. Auf dem Weg sah er in der Ferne unten das Meer liegen, tiefblau, graugrün oder blaugrau und manchmal fast schwarz. Er liebte das Meer. Unten angekommen, legte er sich in den Sand, gleich bei den Felsen, wo die Wellen hinschlugen und unzählige Wassertröpfchen sein Gesicht erfrischten. Seine Schafe weideten indessen auf dem schmalen, von Grastuffs und Büschen bewachsenen Uferstreifen. Er aber blickte aufs Meer und dachte nach über die Zukunft.
Er hatte einen Freund, der arbeitete in Frankreich. Frankreich, das war sein Traum. Wenn der Freund im Sommer für kurze Zeit kam, mit seinem Auto, mit Dingen, von denen er nur träumte, dann war er um so entschlossener wegzugehen, für immer.
Aber seit einiger Zeit sei es schwer geworden, in Frankreich eine Arbeit zu finden, erzählte ihm sein Freund, beinahe unmöglich. Und für ihn? Was hatte er gelernt? Viele Franzosen fanden keine Arbeit. Was hatte er dort zu erwarten?
Manchmal sah er fern bei einem Freund im Dorf. Eine fremde Welt war es für ihn, Menschen, die anders lebten, die ungewöhnliche

Dinge besaßen, die er noch nie gesehen hatte. Er sah Filme, die auch eine andere Welt im eigenen Land zeigten, es gab vieles, was er nicht hatte, was er aber haben wollte, was er sehr begehrte...
Er vermochte seinen Vater nicht mehr zu verstehen, der immer nur wiederholte: „Mein Sohn, was willst du? Du hast dein Brot, das weite Land, du hast hier deinen Stolz!"
Der einzige, der ihn ein wenig verstand, war Meloud, der Verrückte vom Dorf. Immer wenn er Meloud begegnete, sagte der: „Ich versteh' schon, du willst weg, ich seh's dir an. Aber für uns ist kein Platz in der Stadt, glaub' mir!"
Alle im Dorf kannten Meloud, obgleich niemand wußte, wann und woher er gekommen war. Er war eines Tages dagewesen. Man erzählte, daß seine Eltern bei einer Bombenexplosion kurz vor der Unabhängigkeit Algeriens ums Leben gekommen waren und der kleine Meloud allein im zerstörten Dorf zurückgeblieben sei... Dieses Erlebnis hätte ihm die Sinne geraubt. Viele verspotteten Meloud, viele behaupteten, er könne gar nicht reden, denn er mied die Menschen. Andere meinten, Meloud könne sehr wohl sprechen, aber er spreche nur, wenn er etwas zu sagen hätte... Und einige glaubten sogar, Meloud verfüge über geheimnisvolle Kräfte... er könne in die Zukunft sehen... „Er weiß alles", sagten sie.
So kam es, daß Junis immer häufiger die Nähe Melouds suchte, aber jedesmal enttäuscht von ihm wegging; Meloud konnte oder wollte ihm keinen Rat geben.

Einige Zeit verging. Junis entschloß sich eines Tages, die Tochter eines benachbarten Bauern zur Frau zu nehmen und mit ihr endgültig in die Stadt zu ziehen.
Die Hochzeit wurde gefeiert, wie es seit Generationen in diesem und in anderen Dörfern Brauch war. Einige Wochen blieb er noch im väterlichen Haus, dann nahte die Zeit, da er es endgültig verließ. Immer wieder versuchte der alte Hirte, seinen Sohn umzustimmen, mit guten Ratschlägen, mit Flüchen, mit Zornesausbrüchen, mit Drohungen, mit Güte. „Ich bin alt, mein Sohn, ich verstehe die Welt nicht mehr. So vieles hat sich geändert. Vielleicht hast du recht, aber du sollst jetzt nicht weggehen, nicht jetzt!"
Es war umsonst. Dem Vater blieb nur die Trauer. Sein ältester Sohn siedelte mit seiner Frau, einigen Habseligkeiten und mit vielen Hoffnungen in die große Stadt um.
Die ersten Tage in der Stadt waren wie ein Rausch. Er wohnte bei einem Freund. Vorerst, dachte er, bis er eine Wohnung gefunden hätte... Nur zu bald stellte sich heraus, daß er keine Wohnung finden konnte, zuviele waren, wie er, vom Lande in die Stadt gekommen, in der Hoffnung, ihr Glück zu machen. Bei seinem Freund konnte er nicht bleiben, denn dieser lebte beengt mit seiner Frau, seinen Kindern und seiner alten Mutter in einem Zimmer.
Schließlich fand Junis, in einem Vorort der Stadt, auf einem verlassenen Grundstück eine leerstehende Garage, in die er einzog. Das Grundstück und die Garage gehörten einem Mann, der in Frankreich arbeitete, deshalb war es möglich, dort umsonst zu wohnen. Vorläufig.
Eine Arbeit fand Junis nicht, er hatte nichts gelernt. Man konnte ihn nirgends gebrauchen.
Die Garage hatten sie sich eingerichtet, so gut es ging: Matratzen auf dem Boden, ein Tisch, drei Stühle... das alles hatten sie von einem Altwarenhändler auf dem Markt erstanden. Decken, wenige Töpfe und Geschirr hatten sie aus dem Dorf mitgebracht.
Es gab keine elektrische Leitung, aber der Nachbar auf der einen Seite hatte ihnen erlaubt, Strom abzuzapfen. Es gab auch kein Was-

ser, das mußten sie von einer Quelle holen, die weit entfernt lag. Die junge Frau erwartete ein Kind, sie freute sich darauf, aber Junis machte sich große Sorgen. Wie sollte er seine Familie ernähren? Er fand nur manchmal kurze Zeit eine Arbeit. Nachts lag er wach und grübelte.

Er schämte sich, seinem Vater die Wahrheit zu sagen. Er schrieb ihm immer, daß es ihnen gut gehe, daß er eine Wohnung und eine Arbeit gefunden habe und froh sei, nicht mehr im Dorf zu leben und die Schafe hüten zu müssen.

Er schämte sich auch vor seiner Frau, die ihn immer traurig ansah, aber nicht zu fragen wagte. Nach einer Weile log er ihr vor, er hätte eine Arbeit gefunden. Jeden Morgen verließ er in aller Frühe ihr Obdach und kehrte erst gegen Abend zurück.

Junis lief ziellos durch die Straßen der Stadt, oft sank er erschöpft auf einer Bank nieder. Anfangs hatte er noch die vielen Schaufenster bestaunt, doch bald verlor er das Interesse daran.

Kam er abends nach Hause, fragte ihn seine Frau, wie er den Tag verbracht und was er erlebt hatte. Das wiederholte sich Abend für Abend. Anfangs ging er auf ihre Fragen ein, bemühte sich, ihr etwas zu erzählen, aber rasch empfand er die Fragen als eine bedrückende Last. „Du fragst zuviel, es ist doch jeden Tag das gleiche! Ich bin sehr müde." Und dann aß er schweigend seine Olivensuppe, eine dünne Chorba, oder Kuskus mit dicker Milch.

Seine Frau war schon daran gewöhnt, stellte ihm alles hin, was er brauchte und sagte: „Ach, es ist ja alles gut jetzt, ruh' dich nur aus!"

Das Opferfest nahte. Es war schon damals bei der Abreise des jungen Paares beschlossen worden, daß sie das Fest im Dorf bei den Eltern und Geschwistern verbringen würden.

Junis hatte seinem Vater als Beweis seines neuen Wohlergehens ein Schaf mitbringen wollen, aber diesen Gedanken mußte er aufgeben.

Am Tag vor dem Fest brachen sie auf. Und es war schon dunkel, als sie durch die schmale Dorfstraße gingen. In allen Häusern, in Gäßchen und Gassen spürten sie Feststimmung. Man sah mehr Schafe als sonst. Sie blökten in den Höfen, in den Gärten, vor den Häusern

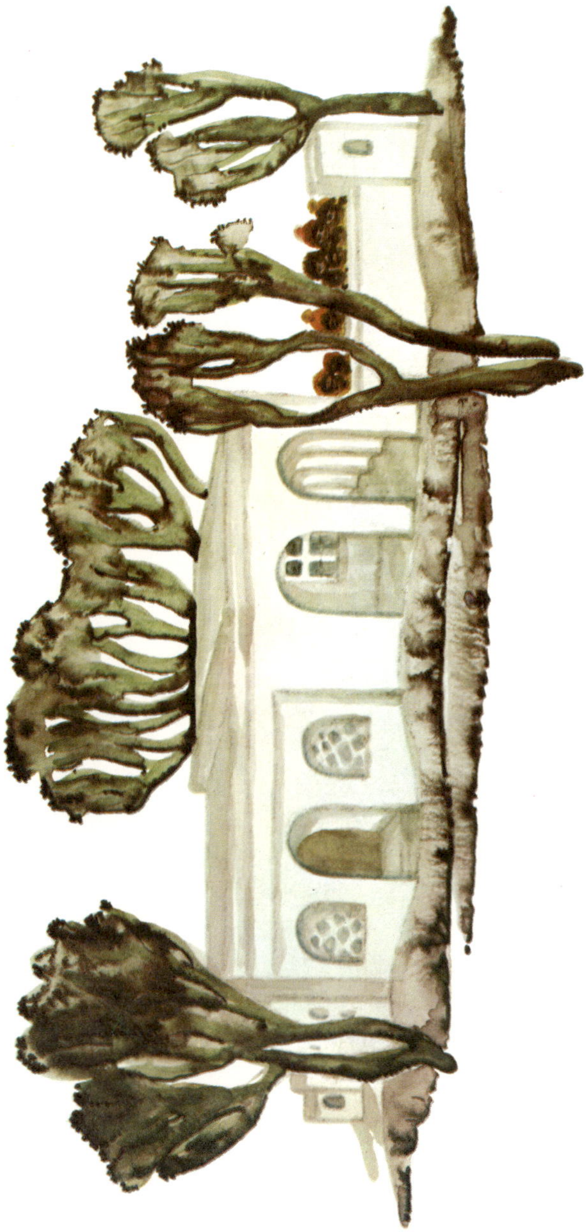

und auf den Straßen, während sie von ihren Besitzern in alle Richtungen nach Hause getrieben wurden. Viele Leute waren unterwegs: Alte Männer, die mit Eselskarren ihr Schaf transportierten, junge Männer, beladen mit Säcken oder großen Kartons, alte Frauen, die vollbepackte Strohtaschen mühelos auf dem Kopf trugen, junge Frauen mit Taschen, Tüten und kleinen Kindern an der Hand, Mädchen in Gruppen... und viele, viele Kinder.
Kurz bevor sie das kleine Haus des Vaters erreichten, es war fast Nacht, lief ein Schimmel an ihnen vorüber, die Straße entlang, in die Dunkelheit hinein. Der Sohn des Hirten erschrak: Er war sicher, einen Reiter auf dem Schimmel gesehen zu haben, glaubte, in dem Reiter Meloud erkannt zu haben, doch plötzlich war der Schimmel ohne Reiter. Vielleicht bin ich nur übermüdet, dachte er für einen Augenblick. Er fühlte sich allein, in einer menschenleeren Gegend. Da hörte er die Stimme seiner Frau: „Was ist mit dir? Das war das Pferd des Nachbarn." Das beruhigte ihn, und er vergaß alles schnell wieder.
Als sie in den väterlichen Hof traten, erwartete der Vater sie bereits. Weniger als ein Jahr war vergangen, aber er sah gealtert aus, als wären zehn Jahre vergangen: Sein Haar war schneeweiß, sein Gesicht voller Furchen. „Willkommen, tretet ein! Ich freue mich, daß du wieder hier bist, mein Sohn!" sagte er, umarmte und küßte ihn. Dann fügte er hinzu: „Ich habe für das Fest mein schönstes Schaf ausgesucht für dich! Ich bin stolz auf dich, mein Sohn. Nun hast du es also geschafft! Ich bin jetzt alt, und ich verstehe vieles nicht mehr."
Der Sohn wagte es nicht, seinem Vater in die Augen zu sehen. Sie gingen ins Haus, dort umarmte die Mutter ihren Sohn: „Ach, mein Sohn, wie glücklich ich bin, dich wiederzusehen! Kommt, setzt euch, eßt und trinkt. Erzählt uns, wie es in der Stadt ist."
Dann saßen sie beisammen, und Junis berichtete von der Wohnung, von der Arbeit, vom Leben in der Stadt. Es war sehr einfach für ihn, die harte Wirklichkeit hier und da auszuschmücken, es war so einfach, daß er selbst beinahe seine Worte für die volle Wahrheit hielt. Seine Frau, müde von der Fahrt, hatte sich schon schlafen gelegt. Junis sprach von seinem Glück, daß er sogar als Verwalter bei einer

großen Firma in einem modernen Büro arbeite, man könne in der Kantine für ein geringes Geld zu Mittag essen, und an den Festen bekomme man sogar Extrazulagen, etwa um ein Schaf zu kaufen.
„Das freut uns sehr, mein Sohn. Hast du auch einen Fernseher?" fragte der Vater.
Nein, so schnell gehe das nicht, aber er habe schon einen bestellt, gab er zur Antwort, und es war ihm, als ob ein Kloß in seinem Hals steckte.

Nach einer Weile beschlossen Vater und Sohn, ins Dorf zu gehen, um Bekannte kurz zu besuchen und noch einiges zu besorgen. Im Dorf herrschte, wie immer am Vorabend des Festes ein reges Treiben. Alle Geschäfte waren geöffnet und beleuchtet. Junis und sein Vater trafen viele Freunde und Bekannte, mit denen sie Tee oder Kaffee trinken mußten. Und alle fragten ihn, wie es denn in der großen Stadt sei, ob er eine gute Wohnung und Arbeit gefunden habe und ob er viel verdiene.
Erst spät kehrten sie heim, der alte Hirte glücklich und stolz, der Sohn traurig und niedergedrückt. In der Nacht konnte er kein Auge zumachen, so sehr fühlte er sich gefangen in der eigenen Lüge. Der Morgen kam und mit ihm das Fest, Aid al Kabir. Bereits vor Sonnenaufgang schlachtete der Vater das Schaf, umringt von der ganzen Familie. Es war wie immer für alle ein großes Erlebnis.
Nach dem Schlachten wurde das Fell abgezogen und zum Trocknen aufgehängt. Die Frauen säuberten und verarbeiteten die Innereien, ein Teil davon wurde gleich für das Frühstück zubereitet und gegessen.
Die Festtage verliefen wie immer. Man empfing Besuch, saß beisammen, aß Gebäck und trank Tee, und zu den Mahlzeiten wurden köstlich zubereitete Fleischspeisen gereicht. Die Gespräche kreisten immer wieder um die Stadt, um das neue Leben von Junis und seiner Frau, um die Gegenwart und die Zukunft.
Als Junis am zweiten Festtag von dem Besuch bei einem alten Freund zurückkehrte, fand er seinen Vater krank darniederliegen. Er klagte über Schmerzen in der Herzgegend und in den Knien. Niemand konnte sich die Krankheit erklären, kein Heilmittel wollte die Schmerzen lindern. Der Zustand des Vaters verschlimmerte sich rasch. Schweiß stand ihm auf der bleichen Stirn. In der Dämmerung, als Junis bei ihm Krankenwache hielt, schlug der Vater die Augen auf, er sah zu seinem Sohn hoch und sagte mit leiser schwacher Stimme: „Warum nur, mein Sohn? Warum? Hier hast du dein Zuhause. Warum nur hast du mir nicht die ganze Wahrheit gesagt?"
Der alte Hirte, so schien es, wollte sich erheben, streckte seinem

Sohn aber nur die Hand entgegen und flüsterte: „Hier bist du zu Hause!" – Er fiel in das Kissen zurück und starb.
Die Beerdigung fand, wie es Brauch ist, am nächsten Morgen statt. Der Friedhof lag nicht weit vom Haus entfernt, in der Nähe des Dorfplatzes. Es war ein einfacher, offener Platz mit unbehauenen Steinen, die die verschiedenen Gräber kennzeichneten. Kinder spielten zwischen den Steinen, Frauen unterhielten sich an den Gräbern. Der Leichenzug mit dem alten Hirten näherte sich langsam, ein langer Zug, in dem die Ältesten des Dorfes und die jungen Männer gingen. Sie umstanden das Grab, der Leichnam des alten Hirten, in ein einfaches Tuch gehüllt, wurde hineingelegt, während ein Taleb, ein alter weiser Mann im weißen Gewand, aus dem Koran rezitierte:

„Keine Seele entgeht dem Tod, und ihr sollt
euren Lohn empfangen am Tag der Auferstehung.
Und wer dann nicht in die Hölle, sondern ins
Paradies kommt, der kann glücklich sein!
Das irdische Leben ist trügerisch. All
diese Güter benützt ihr nur – mitnehmen aber
könnt ihr nichts."

Dann streute er Erde über den Toten. Andere Talebs rezitierten weiter aus dem Koran und streuten Jachaui, kleine Steine, die die Geister vertreiben sollen, auf den Boden. Kaum hatten sie damit begonnen, da sah der Sohn des Hirten am Rande des Friedhofs einen Mann in einem wehenden Umhang auf einem Schimmel vorbeireiten in Richtung Berge. Das Gesicht des Reiters hatte Junis nicht sehen können. Doch kurz vor einer Biegung wandte sich dieser um, und Junis glaubte seinen Vater zu erkennen. Er wollte zu ihm laufen und rief: „Vater, Vater!", aber da war der Reiter auf einmal verschwunden, stattdessen stand Meloud am Rande des Friedhofs, sah ihn an, ging ganz langsam über den Friedhof auf ihn zu. Meloud sagte kein Wort, sah ihn nur undurchdringlich an, so schien es dem Sohn jedenfalls. Dann verschwand auch Meloud.

Der Sohn des Hirten kehrte nicht in die Stadt zurück. Er übernahm die Herde des Vaters, hütete sie wie sein Vater, sorgte für die ganze Familie, so gut es eben ging, und achtete darauf, daß seine Brüder die Schule regelmäßig besuchten.
Junis zog wie einst sein Vater von Weide zu Weide, bei Tag und bei Nacht, bei jeder Witterung, in stürmischen und in sternklaren und in mondhellen Nächten...

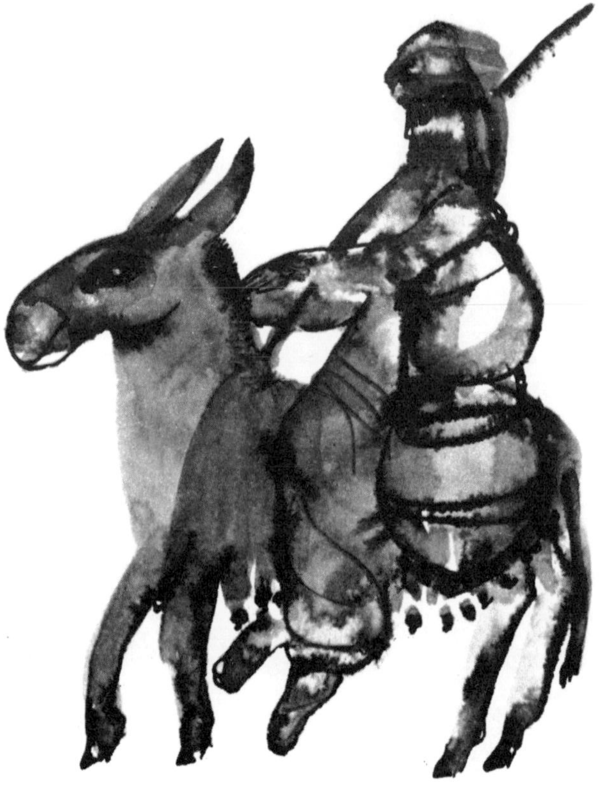

Der Mosesfisch

In einem kleinen Dorf am Meer, nahe dem großen Hafen Mers el Kebir, lebte ein alter Fischer. Nichts wünschte er sich sehnlicher, als daß wenigstens Ahmed, sein jüngster Sohn, Fischer werden würde, wie er selbst und seine Väter. Ahmed zog es wie seine viel älteren Brüder vor, in einer der neuen Fabriken zu arbeiten. Nur auf den Fahrten in dem kleinen Boot, die sie weit hinaus aufs Meer führten, begleitete der Sohn den Vater gern. Solche Fahrten aber waren selten geworden. Die Fischer hatten sich jetzt zu großen Genossenschaften zusammengeschlossen und fuhren gemeinsam in großen und sicheren Schiffen zum Fang hinaus.
Der Alte liebte die Fahrten im kleinen Boot, die Weite des Meeres und des Himmels, die Wolken, die Stille, die Wellen, die sein Boot umspülten, die Fische, die er mit der Hand sortierte, die er zurück ins Meer warf, wenn sie zu klein waren. Begleitete ihn sein Sohn, verrichteten sie die Arbeit gemeinsam, legten die Netze aus, und während sie nachts bei Mondschein im kleinen schaukelnden Boot geduldig auf den Fang warteten, erzählte der Vater von früher, von dem harten Leben der Fischer. Nicht selten überfiel Ahmed ein Gefühl der Verlorenheit auf dem weiten Meer, doch zugleich umfing ihn ein unerklärliches Gefühl der Sicherheit und Geborgenheit.
Wieder einmal waren sie hinaus aufs Meer gefahren, das glatt wie ein Spiegel dalag und im Mondschein glänzte. Plötzlich zogen drohend schwarze Wolken hoch, Wind kam auf, die Wellen klatschten in kurzen harten Schlägen, im Nu raste ein gewaltiger Sturm über sie hinweg.
Sie waren weit draußen, die immer höher schäumenden Wellen peitschten das kleine Boot auf und nieder. Verzweifelt flehten die

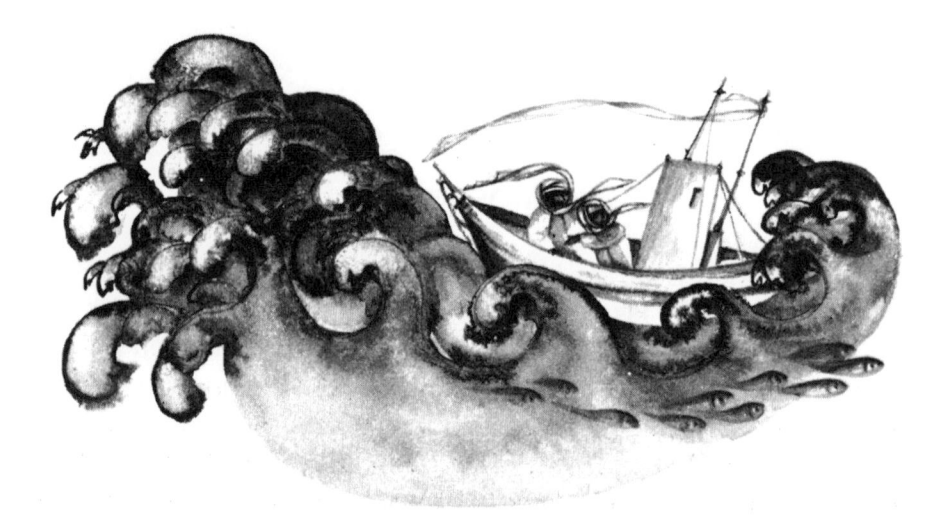

beiden zu Gott, er möge sie aus der Not erretten. Aber der Sturm tobte weiter, das Boot kenterte, nur mit letzter Kraft klammerten sie sich am Bug fest.
Ohne Hoffnung trieben sie auf dem Meer, als sie plötzlich eine Art Sandbank unter sich fühlten. Aber es war weder eine Sandbank noch waren es Felsen, sondern es war ein dichter Teppich aus silbrig schimmernden Fischen, der sie über die Wogen hinweg sicher ans Land trug.
Noch ehe sie richtig begriffen hatten, was vor sich gegangen war, lagen sie betäubt, doch in Sicherheit am Strand. Die silbrigen Fische aber lösten den Teppich auf und hüpften und sprangen vor Freude in großen Sätzen aus dem Wasser, drehten Spiralen in der Luft und verschwanden wieder im Meer.
Der Sturm hatte sich gelegt, aber Vater und Sohn schliefen tief bis zum Morgengrauen. Als sie erwachten, lagen sie zu ihrem großen Erstaunen geschützt in einer Sandmulde hinter einem Felsvorsprung.
„Gott hat uns erhört", sagten sie wie mit einer Stimme, und Ahmed fragte den Vater: „Was waren das für wunderbare Fische?" „Mein Sohn, du kennst sie, ich fange sie fast jede Nacht!"

„Ach, es sind die flachen, platten silbrigen Fische, die Sol, die Schuhsohlen oder Seezungen!"
„Ja", sagte der Vater, „aber so heißen sie erst seit der Kolonialzeit in der Sprache der Franzosen, aber auf arabisch heißen sie 'Mosesfisch'! Als Moses mit seinem Volk aus Ägypten zog, teilte sich dank Gottes Hilfe das Meer, damit durch die Gasse Moses mit den Seinen sicher ans Ziel gelangte. Auch unsere silbrigen Fische, die damals noch dick und rund waren, wurden geteilt, so daß sie nun flach und platt wie Schuhsohlen sind. Wir aber nennen sie Mosesfische. Seit jener Zeit helfen sie jedem, der in Seenot gerät."
Ahmed schwieg einen Augenblick und fragte: „Helfen sie jedem, wirklich jedem?"
„Sie helfen jedem, der daran glaubt", sagte der Vater.

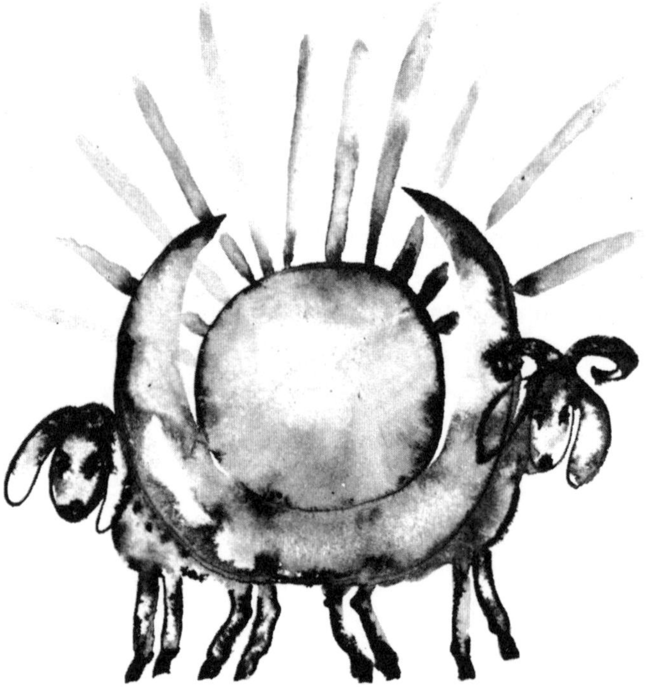

Die Entstehung von Tag und Nacht

Einst mahlte die allererste Mutter, die Urmutter, Gerste, tat Wasser dazu und machte einen Kuskusteig daraus. Aus diesem Teig formte sie, als niemand sie beobachtete, ein Schaf und legte es in Kleie. Am nächsten Tag bereitete sie abermals Kuskus und formte aus ihm einen Widder. Sobald sie auch ihn in Kleie gelegt hatte, hörte sie aus dem Bottich ein zaghaftes Blöken: „bäh... mäh...", und ein lebendiges Schaf kam herausgekrochen. Die am Kuskus haftende Kleie war warme, weiche Wolle geworden.
Da freute sich die Urmutter und formte noch ein Schaf und einen Widder aus Kuskus, legte sie beide in die Kleie, und abermals kam ein lebendiges Schaf heraus. Das wiederholte sich zweimal, bis sie zwei Schafe und zwei Widder hatte.
Die Tiere wurden gefüttert, wuchsen und blökten fröhlich, bis sie groß genug waren, um draußen auf den Weiden Gras zu fressen. Das sahen die anderen Menschen und fragten die Urmutter: „Woher kommen diese Tiere?" Die Mutter wollte es nicht sagen und redete sich heraus: „Ach, die sind mir zugelaufen." Aber die Menschen glaubten ihr nicht, gingen zu der klugen Ameise und fragten sie: „Weißt du, wie diese Tiere heißen und wozu sie nützen?"
Die Ameise antwortete: „Diese Tiere heißen Schafe, man kann ihr Fleisch essen und aus ihrer Wolle Teppiche und Djellabahs weben. Versucht es! Die Mutter hat vier Schafe. Nach ihnen sollt ihr das Jahr einteilen: vier Schafe, vier Jahreszeiten. Die Widder und die Schafe werden Lämmer haben, immer eins weiß, eins schwarz. Das sind die Tage und Nächte."
Die Menschen hatten aufmerksam zugehört und fragten: „Wie bekommen wir aber Schafe?"

Die Ameise antwortete: „Ihr bezahlt die Schafe mit dem Stoff, aus dem sie gemacht sind."
Die Urmutter der Welt verriet den Menschen nun, wie sie die Schafe aus Kuskus geformt hatte, und so kauften die Menschen einen Widder und ein Schaf und bezahlten mit Gerste.
... Für die Zukunft war gesorgt, denn immer wieder werden neue Lämmer geboren...

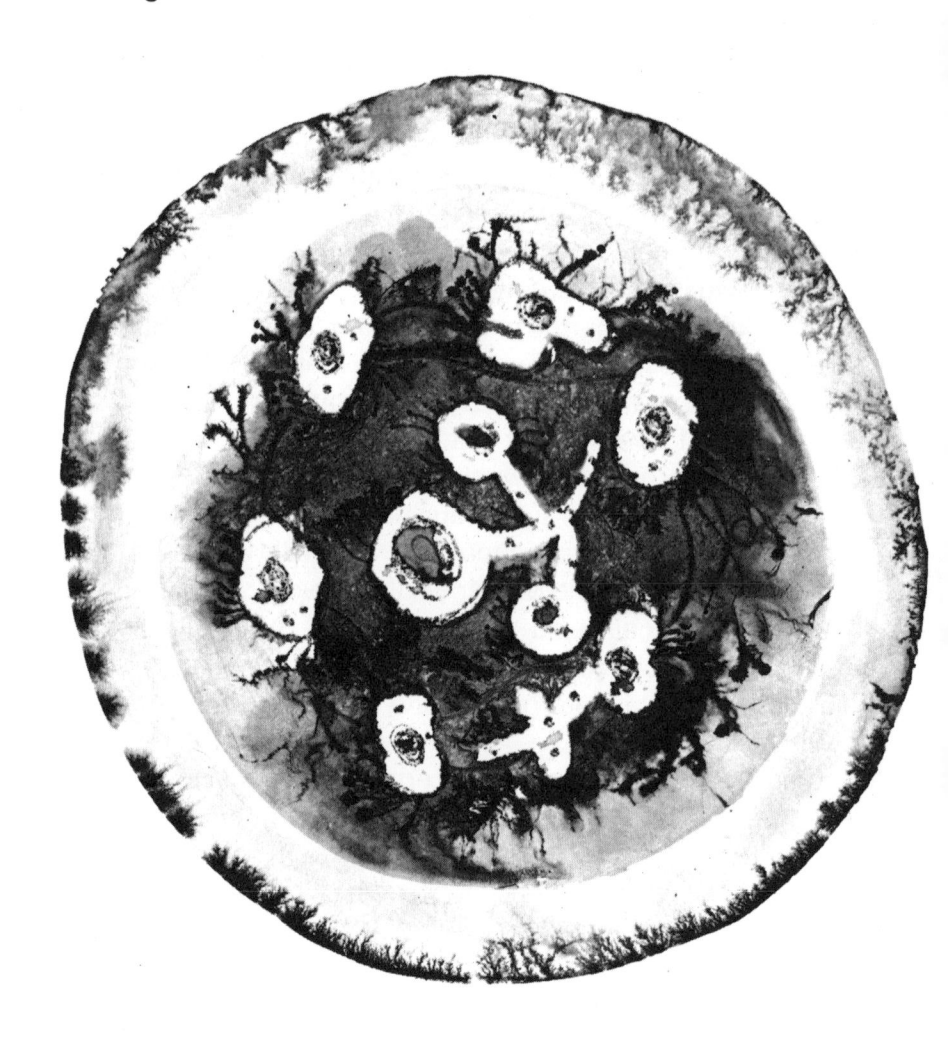

Sidi Cheikh und das Kuskusessen

Sidi Cheikh war schon hochbetagt und hatte immer noch keine Kinder; das heißt er hatte fünf Töchter, aber keinen Sohn. Alle im Dorf hatten tiefstes Mitleid mit ihm und versuchten, ihm zu helfen, aber umsonst. So ging er eines Tages nach langem Zureden seines besten Freundes tiefbetrübt zu einem sehr berühmten Weisen, einem Taleb, um ihn um Rat zu bitten. Der hörte ihn an und sagte folgendes:
„Lieber Freund, das Schicksal hat dir übel mitgespielt, ich verstehe dein Leid, aber ich habe einen Einfall. Alles wird gut, insch' Allah!

Ganz für dich allein werde ich morgen Abend einen besonders guten Kuskus zubereiten lassen, und du wirst sehen!"
Am darauffolgenden Abend weilte Sidi Cheikh beim Taleb zum Kuskusessen. Was das für ein besonderer Kuskus war! Die Kügelchen waren so groß, daß man sie Bällchen nennen konnte. Und die schob der Taleb dem Sidi Cheikh eines nach dem anderen in den Mund. In der großen Schüssel türmten sich achtzehn Bällchen, und der alte Sidi Cheikh schluckte sie genüßlich eines nach dem anderen. Nach dem siebzehnten aber war er so satt, daß er nicht mehr konnte, und machte eine Pause. Das achtzehnte Bällchen schaffte er mit Mühe und Not zur Hälfte! Nach diesem üppigen Mahl bedankte Sidi Cheikh sich bei dem weisen Alten und ging zufrieden und voller Hoffnung geradezu beschwingt nach Hause.
Nach genau neun Monaten gebar ihm seine Frau einen Sohn. Siebzehn Jahre vergingen, und jedes Jahr schenkte sie ihm einen Sohn, einer prächtiger als der andere. Nur der achtzehnte Sohn von Sidi Cheikh war kleiner als die anderen!

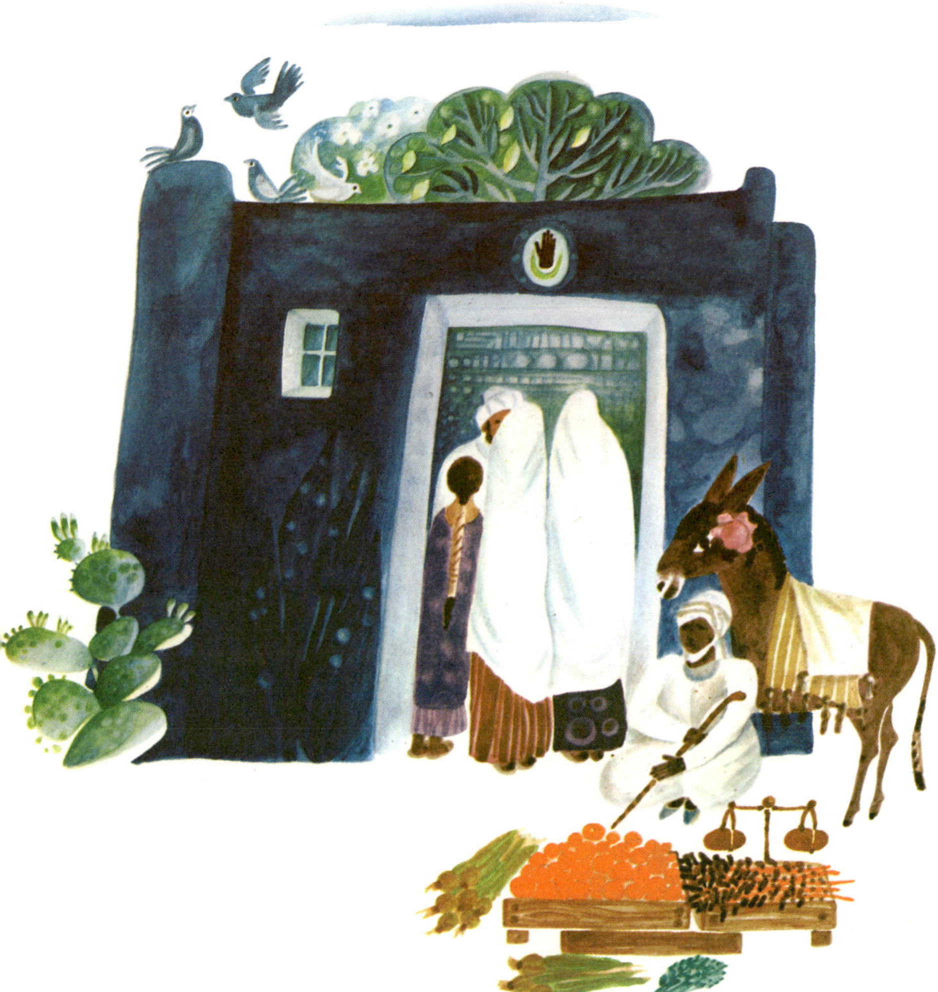

Das Erdbeben

Vor nicht langer Zeit, aber noch vor der algerischen Revolution, ereignete sich in El Asnam, einem kleinen, nicht weit von der Küste, am linken Ufer des Flusses Chelif gelegenen Ort, etwas Seltsames und zugleich Furchtbares.
Schon immer herrschten dort Hitze und Trockenheit, jetzt aber lastete eine entsetzliche Dürre über der Gegend. Der große Fluß führte kaum noch Wasser, die sonst üppig bewachsenen grünen Berge waren kahl und gelb, die rotbraune Erde der Felder trocknete aus und klaffte in tiefen Spalten auseinander. Es gab nur noch Mißernten. Die Schafe hatten die Weiden längst abgegrast, sie fanden kein Futter mehr.
Die Menschen verzweifelten und flehten Gott an, er möge ihnen Regen schicken. In der Moschee beteten die Männer, und die Frauen versammelten sich am versiegten Brunnen, um nach altem Brauch mit Sprüchen und Liedformeln den ersehnten Regen herbeizurufen: Aber es tat sich nichts. Zogen sich dunkle Wolken am Himmel über den Bergen zusammen, liefen alle herbei, beteten, sangen, hofften – doch vergebens!
Futter wurde knapp und knapper, die Bauern mußten die Tiere schlachten und mit Verlust verkaufen. Jeder dachte daran, wie er wenigstens einige Schafe behalten konnte.
Das Opferfest stand bevor, und jede Familie wollte doch zu diesem Anlaß ein Schaf schlachten, aus Gewohnheit und gutem Brauch. Auch hatten die Dorfbewohner die Freiheitskämpfer in den Bergen und Wäldern mit Nahrung zu versorgen. Der Aufstand der Algerier gegen die Franzosen stand bevor. So war es eine sorgenvolle Zeit, voller Plagen und Mühen um das tägliche Brot!

Eines Tages lief der Dorfwächter von Haus zu Haus und rief: „Leute, hört, versammelt euch alle auf dem Dorfplatz, Sidi Cheikh kommt zu Besuch. Bereiten wir ihm einen festlichen Empfang! Bewirten wir ihn mit einem guten Mahl! Wir brauchen seine Hilfe!"
Alle Dorfbewohner freuten sich, aber jeder dachte auch: „Wie sollen wir das nur machen? Zwei Schafe müssen wir schlachten! Wie können wir uns das leisten?"
Es war eine unpassende Zeit, daß Sidi Cheikh jetzt, so kurz vor dem Opferfest, sie besuchte. Die Menge schwieg, jeder wartete, ob nicht der andere das Wort ergriffe. Der Dorfwächter wurde ungeduldig:
„Nun, was ist, fällt euch nichts ein?" Wie habt ihr's euch vorgestellt? Wo soll das Mahl stattfinden? Wer spendiert die Schafe?"
Keiner meldete sich, alle senkten die Köpfe, jeder blickte in eine andere Richtung.
Der Dorfwächter schlug eine Lösung vor, jeder sollte nach seinem Vermögen etwas zum Festmahl für Sidi Cheikh beisteuern. Dem Cheikh gebührte ein ehrenvoller Empfang. Man diskutierte stundenlang in Gruppen und Grüppchen, bis sich schließlich der Dorfälteste

meldete und erklärte, daß der Empfang in seinem Haus stattfinden werde und daß jeder seinen Beitrag leisten solle.
Erleichtert und beruhigt gingen alle nach Hause.
Der große Tag kam. Schon seit den frühen Morgenstunden hockten die Frauen im Schatten der Olivenbäume und bereiteten auf großen Strohmatten den Kuskus zu.
Sidi Cheikh traf mit zwei Begleitern ein. Er wurde in das kleine Haus des Dorfältesten geführt, wo er sich zusammen mit den Notabeln des Dorfes an einer reichgedeckten langen Tafel, die fast den ganzen Raum ausfüllte, niederließ.
Sidi Cheikh zeigte sich zufrieden: Drei große Holzschüsseln, in denen sich Kuskus türmte, und eine vierte, noch größere, voller Fleisch, Gemüse und Soße standen direkt vor ihm.
Es war ein herrlicher Anblick, und die Augen aller wurden größer und größer vor Freude und Hunger! Wie es sich geziemte, warteten sie höflich, bis Sidi Cheikh zu essen begann, um sich dann aber heißhungrig auf das begehrte Mahl zu stürzen. Es war eine fröhliche Tischrunde, alle lachten, erzählten die allerletzten Neuigkeiten und vergaßen dabei fast ihr hartes, entbehrungsreiches Leben.
Nach einer Weile sagte Sidi Cheikh mit feierlicher Stimme:
„Oh Freunde, es ist schön, euch nach so langer Zeit wiederzusehen. Ich danke euch für den festlichen Empfang! Gott möge es euch vergelten! Auch diese Schreckenszeit geht vorüber, wir müssen zusammenhalten, unser Glaube wird uns helfen! Eines Tages werden wir frei sein, frei. Die Zeiten des Elends werden vorbei sein!"
Plötzlich wurde der Dorfälteste bleich. Ein Freund bemerkte es und fragte leise: „Was ist dir, mein Freund?"
„Oh Bruder", antwortete der Dorfälteste, „merkst du nicht, was geschehen ist?"
„Nein, was? Alle sind fröhlich, auch Sidi Cheikh!"
„Etwas Furchtbares ist geschehen. Sidi Cheikh hat kein einziges Stück Fleisch genommen, sondern nur Kuskus und Gemüse gegessen."
„Das kann doch nicht sein", erwiderte der Freund, „wir haben uns

große Mühe gegeben, das Fleisch ist köstlich und zart, schau her!" Er wollte sich ein Stück Fleisch aus der Schüssel nehmen, aber es war kein einziges mehr darin! Da wurde auch der Freund blaß und sah bestürzt in die Runde.
In diesem Augenblick erhob sich Sidi Cheikh von der Tafel, bedankte sich für den Empfang, machte aber plötzlich eine Handbewegung, als wollte er etwas verscheuchen und brummte: „Sab! Verschwinde!" Alle sahen ihn erstaunt an, niemand begriff, was er damit meinte. Da sprang mit einem Satz eine kohlrabenschwarze Katze mit funkelnden Augen direkt aus der Fleischschüssel, fauchte wild, rannte quer über den Tisch und sprang aus dem Fenster. Ohne ein weiteres Wort zu verlieren, verließ Sidi Cheikh das Haus.
Alle Männer waren erregt und betroffen, bis der Dorfälteste mit ernster Stimme fragte:
„Wer von euch hat das letzte Stück Fleisch aus der Schüssel genommen?" Alle senkten tief beschämt und betreten den Kopf. „Ihr wißt doch", fuhr der Dorfälteste fort, sichtlich bemüht, die Ruhe zu bewahren, „daß nach altem Brauch das letzte Stück Fleisch übrigbleiben muß! Es verwandelt sich, wenn es gegessen wird, in ein Tier und bringt Unglück!"
„Oh Gott, wer hat das getan?", fragten sich die Gäste und blickten starr vor sich hin. Aber niemand wollte zugeben, daß er der Übeltäter sei. Schweigend verließen die Gäste das Haus des Dorfältesten. Noch in derselben Nacht wurde der Ort El Asnam von einem schweren Erdbeben erschüttert. Die Häuser stürzten ein und begruben die Menschen unter sich.
Die Überlebenden und auch die Bewohner der Nachbarorte fragten sich lange, wer das letzte Stück Fleisch gegessen haben könnte. Er trüge die Schuld an diesem Unglück!
Böse Zungen behaupten aber, die Bewohner von El Asnam hätten für das Kuskusessen auch eine Katze geschlachtet, damit reichlich Fleisch aufgetischt werden konnte. Das sei der Grund gewesen, weshalb Sidi Cheikh kein einziges Stück Fleisch gegessen und weshalb er den Ort fluchtartig am gleichen Tag verlassen habe. Andere

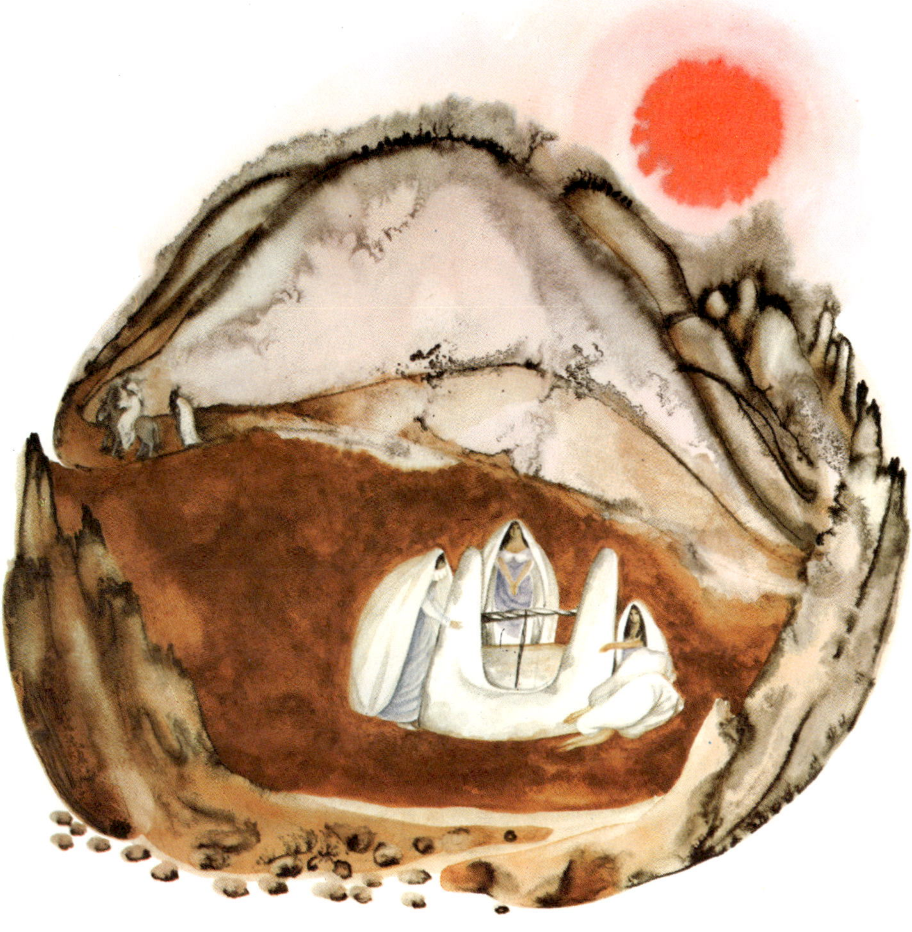

wiederum meinten, das könne niemals der Grund gewesen sein. So grausam bestrafe Gott die Menschen nicht für ein aufgegessenes Stück Fleisch.
Noch andere fragten sich, ob nicht manche Dorfbewohner im geheimen wie ihre Vorfahren die alten Götzen verehrt hätten, hieße doch der Ort El Asnam „die Götzen".
Lange dachte man über die Strafe Gottes nach.
Sechsundzwanzig Jahre später, an einem Freitag im Oktober 1980 wurde El Asnam, inzwischen zu einer großen Stadt geworden, abermals von einem entsetzlichen Erdbeben heimgesucht und fast völlig zerstört. Wie vordem fragten sich die Menschen, warum Gott sie so sehr gestraft habe. Doch sie verschwendeten keine Minute, um sich an den Wiederaufbau ihrer Stadt zu machen.

wiederum meinten, das könne niemals der Grund gewesen sein. So grausam bestrafe Gott die Menschen nicht für ein aufgegessenes Stück Fleisch.
Noch andere fragten sich, ob nicht manche Dorfbewohner im geheimen wie ihre Vorfahren die alten Götzen verehrt hätten, hieße doch der Ort El Asnam „die Götzen".
Lange dachte man über die Strafe Gottes nach.
Sechsundzwanzig Jahre später, an einem Freitag im Oktober 1980 wurde El Asnam, inzwischen zu einer großen Stadt geworden, abermals von einem entsetzlichen Erdbeben heimgesucht und fast völlig zerstört. Wie vordem fragten sich die Menschen, warum Gott sie so sehr gestraft habe. Doch sie verschwendeten keine Minute, um sich an den Wiederaufbau ihrer Stadt zu machen.

Die Quelle

Sidi Cheikh starb erst in hohem Alter, dank der Tatsache, daß er zeit seines Lebens regelmäßig Kuskus gegessen hatte. Alle im Dorf trauerten um ihn. Am Tage der Beerdigung wurde sein Leichnam auf sein weißes Lieblingskamel geladen. Selbst dieses Tier war tief betrübt, so daß nicht wenige Trauergäste behaupteten, sie hätten Tränen in seinen Augen gesehen. Zum Erstaunen aller setzte sich das Kamel langsam in Bewegung, ohne von irgendjemandem dazu angetrieben oder aufgefordert worden zu sein. Die Trauernden gingen gesenkten Hauptes hinterher, viele von ihnen weinten; ein Taleb wie Sidi Cheikh wird nicht jeden Tag geboren!
Sie waren schon eine Weile in der glühenden Mittagshitze marschiert, als sich das Kamel plötzlich niederlegte. Alles Zureden war vergeblich, es rührte sich nicht von der Stelle, sondern scharrte unaufhörlich im Sand, bis es ein tiefes Loch gegraben hatte. Aus diesem Loch schoß zur Überraschung aller ein heftiger Wasserstrahl, der nicht mehr versiegen wollte und alle Trauergäste bis auf die Haut durchnäßte.
„Sidi Cheikh kann es nicht lassen. Auch noch im Tod muß er uns eins auswischen!" sagte ein alter Mann. „Richtig! Einen Streich wollte er uns spielen!" ergänzte ein anderer.
„Nehmt euch zusammen, Freunde, dreht eure Zunge siebenmal um, bevor ihr etwas Dummes daherredet. Habt Respekt vor den Toten," empfahl der Dorfälteste.
„Gut, gut, regt euch nicht auf", beruhigte nun der älteste Sohn Sidi Cheikhs die Trauergäste, „ich nehme an, daß das Ganze irgendeinen Sinn hat! Wahrscheinlich will Sidi Cheikh gewaschen werden!"
„Das glaube ich nicht", erwiderte der Dorfälteste, „er will uns zum

Abschied noch ein Geschenk machen, damit wir ihn nie vergessen! Hier, mitten im Dorf, beglückt er uns mit einer langersehnten Quelle. Seht nur, wie sie sprudelt. Und sogar warmes Wasser! Zum Dank dafür werden wir ihn hier nochmals waschen!"
Alle waren sehr erfreut über diese Erklärung, und ein Teil der Leute machte das Loch größer. Es störte sie nicht, daß sie naß wurden. Bald hatten sie eine große warme Quelle freigelegt, die unaufhörlich sprudelte. Nachdem nun der Leichnam Sidi Cheikhs gewaschen und wieder aufgeladen war, erhob sich das Kamel abermals, ohne Aufforderung, ohne Zuspruch und machte sich von allein auf den Weg.
Voller Staunen zogen alle, nun gar nicht mehr so traurig und sehr erfrischt, hinterdrein, bis das Kamel abermals unweit der Quelle stehenblieb, sich niederkauerte und nicht mehr fortzubewegen war, so sehr alle auf es einredeten.
„Nun", sagte der Dorfälteste, „das ist wohl der Ort, wo Sidi Cheikh begraben werden will, hier will er ruhen, bis zum jüngsten Tag!" So wurde Sidi Cheikh an jenem Ort, unweit der Quelle begraben, wo man später eine Koubba, ein Grabdenkmal, errichtete, das bis heute Ziel alljährlicher Wallfahrten ist.
Dort aber, wo die Quelle entsprungen ist, mitten auf dem Dorfplatz, befindet sich heute ein schöner Brunnen, zu dem die Leute von weither kommen, um warmes Wasser zu holen, ein erquickendes Fußbad zu nehmen oder sich am Geplätscher des Wassers zu laben.

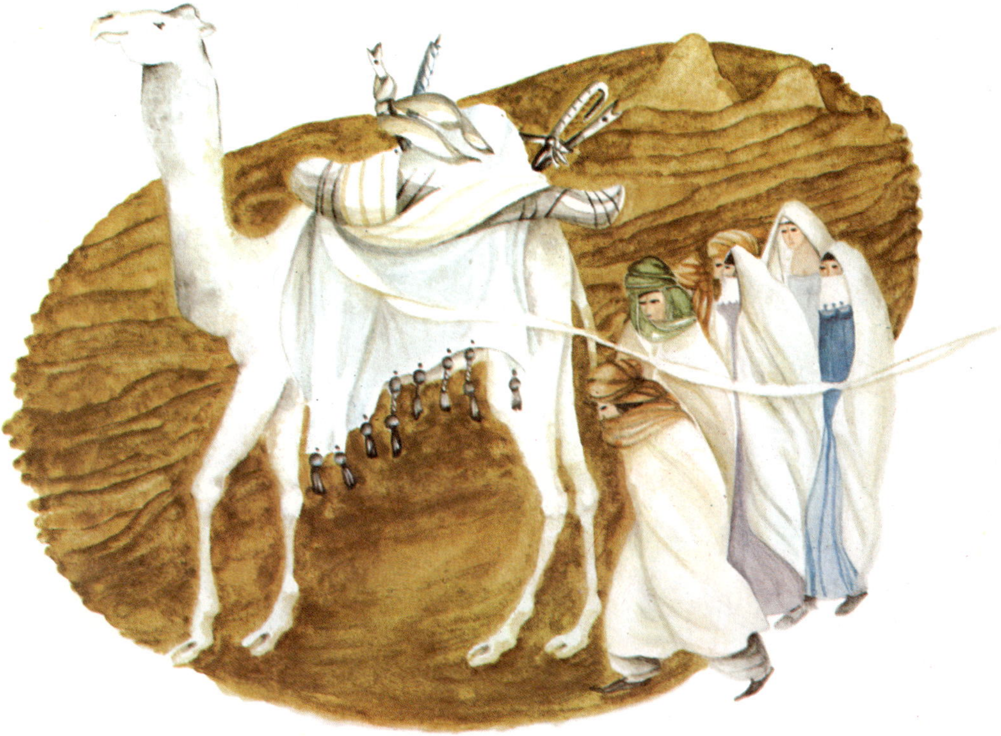

Abdelhamid und die Heiligen

Abdelhamid war schon ziemlich alt, aber noch sehr gesund, als er mit seiner großen Familie, seinen Kindern und Enkelkindern in eines der vielen sozialistischen Dörfer zog. Jahrzehntelang hatte er in einer Hütte gelebt, jetzt besaß er plötzlich ein kleines Haus mit Innenhof, fließendem Wasser und elektrischem Licht. Er konnte sein Glück kaum fassen. Das ganze Dorf war neu. Es gab eine Schule, eine Moschee, ein Café und einen Club, wo man fernsehen, lesen oder sich unterhalten konnte. Es gab auch einen großen Platz mit einem Brunnen und einem Denkmal von Abd El-Kader im Dorf, auf dem sich die Leute versammelten und miteinander diskutierten. Und auf diesem Platz ihrer Sorgen und Freuden, beschloß nun Abdelhamid seinen Esel, der ihm viele Jahre treu gedient hatte, zu verkaufen. Abdelhamid wollte ganz modern werden und sich ein Fahrrad zulegen...
„Weißt du", sagte er zu seinem Freund, dem alten Bendaoud – den man jetzt Hadj nannte, weil er im letzten Jahr nach Mekka, dem heiligen Ort der Muslime gepilgert, genauer gesagt: mit dem Schiff gefahren war; zu Fuß oder mit einer Karawane, wie früher, pilgert heutzutage niemand mehr – „weißt du", sagte er also zum Hadj, dem er besonders vertraute, „der kleine Esel ist zwar der König aller Tiere im Morgenland, aber ich brauche jetzt ein Fahrrad! Damit kann ich alles schneller erledigen. Willst du nicht meinen Esel kaufen? Er soll in guten Händen sein. Mir fehlt noch etwas Geld für das Fahrrad, und Platz habe ich auch nicht genügend." „Tja, weißt du", zögerte der alte Bendaoud, „ich brauche eigentlich auch keinen Esel mehr, die Zeiten ändern sich, aber na gut, ich nehme ihn! Aber glaubst du, daß du es schaffst, ich meine das Fahrradfahren, so einfach ist das doch

auch nicht." „Ach, es wird schon gehen, trinken wir noch einen Kaffee, und dann zeig ich dir das Fahrrad, das ich kaufen will", sagte Abdelhamid entschlossen. Und so tranken die beiden den Kaffee, gingen in den kleinen Laden zu ihrem Freund Kamal, der gebrauchte Waren verkaufte, und sahen sich das Fahrrad an. „Nicht schlecht", meinte Bendaoud, „es ist gut erhalten." „Ich hab recht, es ist ein gutes Stück. Jetzt wird sich mein Leben ändern. Jeden Tag kann ich in einen anderen Ort fahren!" verkündete Abdelhamid strahlend. Noch am selben Abend kaufte er das Fahrrad, schob es aber vorsichtshalber nach Hause. Anfangs fuhr er nur auf dem Dorfplatz umher, und alle freuten sich, wenn Abdelhamid mit seinem Fahrrad auftauchte, denn jeder wollte ihm gute Ratschläge geben: „Wie geht's, alter Freund? Du solltest das Rad vielleicht rot anstreichen, dann sieht es stabiler aus, fast wie ein Motorrad!" sagte der eine, und ein anderer: „Ja, das stimmt, du solltest auch eine Gangschaltung anbringen, dann fährst du fast so schnell wie ein Auto!" Ein dritter: „Einen Anhänger könntest du vielleicht ranhängen, dann hättest du schon fast einen Bus!" Und so ging es jeden Tag. Aber Abdelhamid lachte nur und ließ sich nicht aus der Ruhe bringen. „Ich kenn' euch, ihr werdet schon sehen! Mein Fahrrad ist so gut, daß mich eines Tages noch unser Präsident darum bitten wird!"
Mehrere Wochen waren vergangen, als Abdelhamid seinen Sohn im nächsten Ort besuchen wollte. Der Weg dahin führte über einen ziemlich steilen Berg. Abdelhamid freute sich, nun viel schneller als früher mit seinem Esel diese mühsame Strecke hinter sich zu bringen. Als er den Berg hinauffahren wollte, merkte er, daß es ganz und gar nicht so leicht und schnell ging. Er keuchte und strampelte den Berg hinauf und schwitzte, daß dicke Schweißperlen über sein rotes Gesicht liefen. Er fluchte fürchterlich: „Wozu habe ich denn ein Fahrrad, wenn ich mich so abplagen muß, zum Teufel? Vielleicht sollte ich den Sidi Abdelkader bitten, mir zu helfen!" Und dann flehte er den Sidi Abdelkader an: „Oh, Sidi Abdelkader, hilf mir doch und schick einen starken Wind, damit ich schneller und leichter den Berg hinaufkomme!" Doch Sidi Abdelkader half nicht. Mühsam stram-

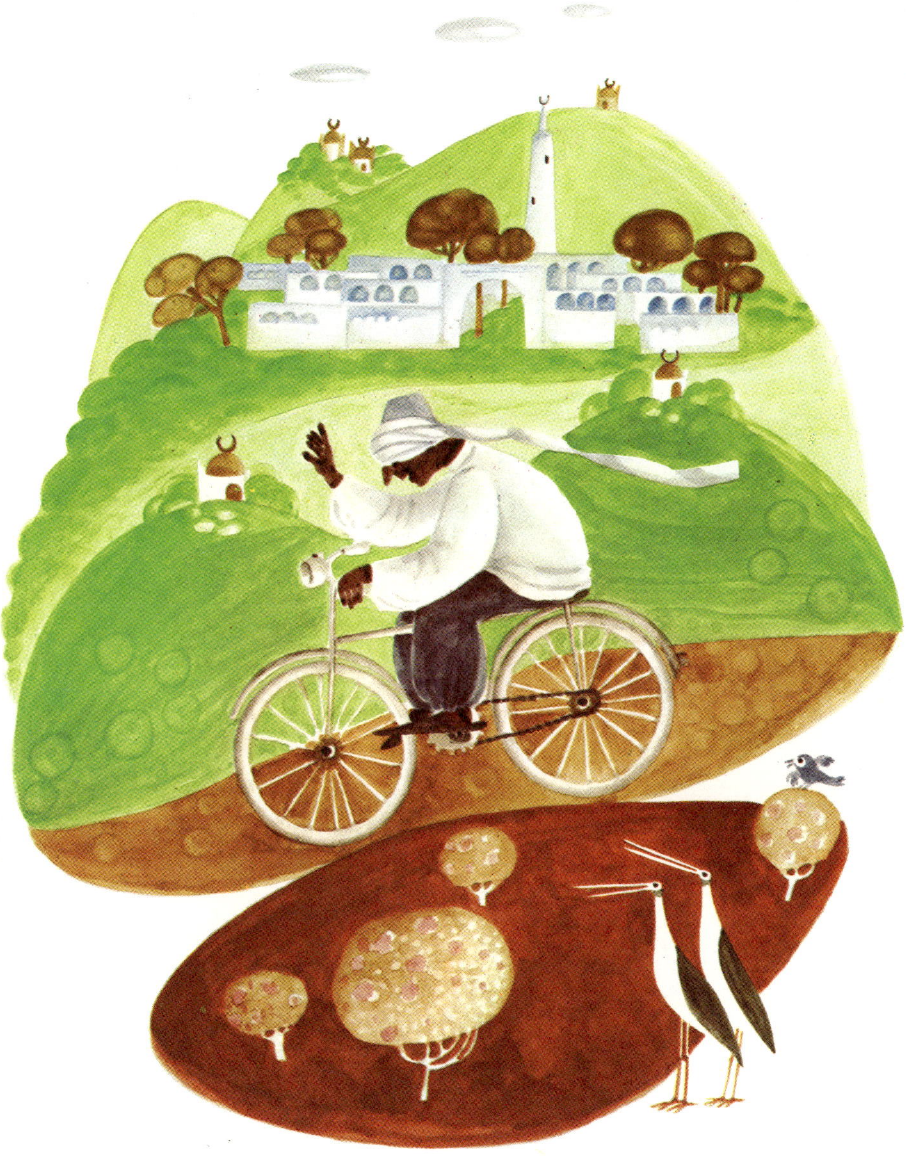

pelte Abdelhamid weiter hinauf. „Vielleicht sollte ich noch einen Heiligen bitten, mir zu helfen. Zwei sind immer besser als einer", murmelte er und rief mit lauter Stimme: „Oh, Sidi Muhammad, komm und hilf mir, schick bitte einen kräftigen Wind, damit ich den Berg schnell hinaufkomme!"
Wieder geschah nichts. Abdelhamid mußte sogar eine Pause machen, so erschöpft war er. „Was sind das nur für Zeiten. Ihr habt doch früher immer geholfen!" schimpfte er. „Ich muß wohl noch andere Heilige bitten, vielleicht arbeiten die jetzt auch im Kollektiv!" Und dann schrie er so laut er konnte: „Oh, Sidi Djelali, oh, Sidi Bachir, oh Sidi Hasni, oh Sidi Muhammad, bitte helft doch, schickt einen kräftigen Wind, damit ich schnell den Berg hinaufkomme." Umsonst! Erschöpft kam er auf dem Scheitel des Berges an, ohne daß der gute Sidi Abdelkader, der gute Sidi Muhammad, der gute Sidi Djelali, der gute Sidi Bachir oder der gute Sidi Hasni geholfen hätten.
Aber siehe da, auf einmal ging es wie der Blitz bergab! In gewaltigem Tempo raste Abdelhamid den Berg hinunter, verlor seinen Turban und fluchte noch schlimmer: „Verdammter Sidi Abdelkader, verdammter Sidi Muhammad, verdammter Sidi Djelali, verdammter Sidi Bachir, verdammter Sidi Hasni, verdammt seid ihr alle! Ihr seid zu spät gekommen! Und außerdem habe ich zuerst nur einen von euch gebeten, mir einen starken Wind zu schicken! Nun kommt ihr alle auf einmal! Zum Teufel mit euch!" Erschöpft und außer Atem kam er bei seinem Sohn an. Nie wieder hat Abdelhamid einen Heiligen gerufen. Und kam er an einem Marabut vorbei, sagte er immer: „Ach, die sind auch nicht mehr wie früher! Die Zeit ist an ihnen nicht vorübergegangen!"

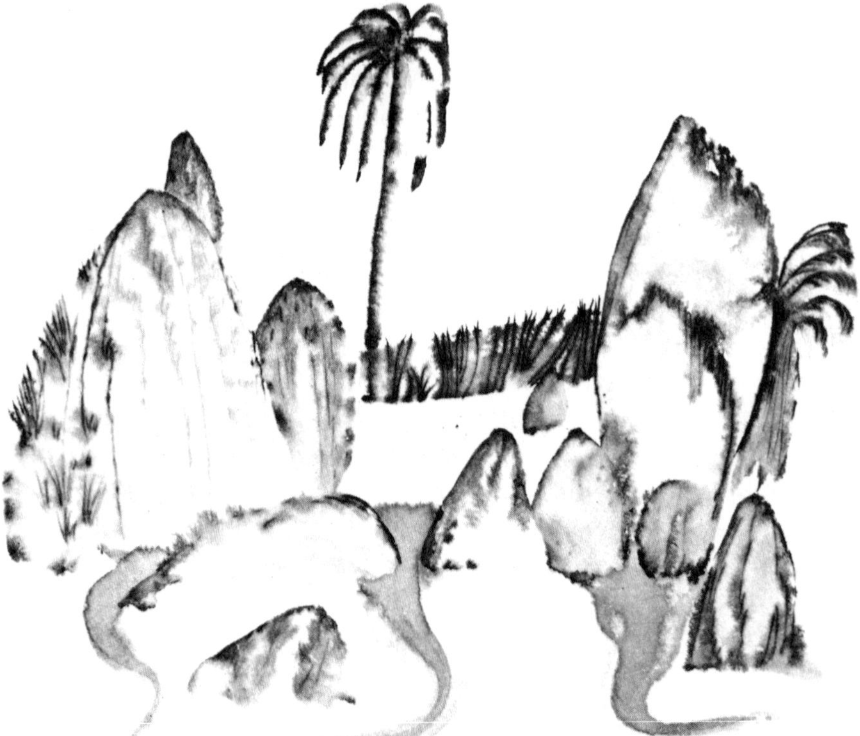

Warida und Ali oder die Kalkkaskaden

Im Tale des Wadi Bou Hamdane, in Hammam Meskhoutine, lebte einst ein schönes junges Mädchen namens Warida, die kleine Rose. Sie war feingliedrig und zart, und das schwarze Haar fiel in unzähligen Locken bis zur Taille, aber in ihren Augen lag tiefe Trauer. Der Grund der Trauer war bekannt: Ihr Vater hatte seine erste Frau, Waridas Mutter, einige Jahre nach der Geburt der Tochter verstossen, weil er noch viele Söhne haben wollte. Waridas Mutter hatte ihm nur einen Sohn geboren und konnte nach der Tochter keine Kinder mehr bekommen. Jetzt war der Vater mit einer Frau verheiratet, die nur wenige Jahre älter war als Warida. Er wohnte mit ihr, Waridas Bruder und den vielen Kindern der neuen Frau im vornehmsten Haus des Dorfes. Warida aber lebte mit ihrer Mutter, die immer noch sehr schön war, bescheiden in einer kleinen Hütte, worunter sie jedoch viel weniger litt als unter dem Verlust des Vaters und des Bruders. Immer wieder fragte sie ihre Mutter, ob sie den Vater nicht besuchen könnten. Doch jedesmal antwortete die Mutter traurig: „Mein Kind, du mußt endlich begreifen! Nie wieder können wir das Haus deines Vaters betreten, nie wieder!"
Warida weinte bitterlich, denn sie konnte ihren Vater, ihren Bruder und die schöne gemeinsame Zeit nicht vergessen. Sie konnte nicht verstehen, daß der Vater keine Sehnsucht nach ihnen hatte. Auch die Mutter weinte, wenn Warida solche Fragen stellte, aber sie versuchte, ihre Tränen zu unterdrücken. Manchmal, spät in der Nacht, wachte Warida von einem leisen Stöhnen und Wehklagen auf, sah ihre Mutter dann vor dem Nachtlager knien, die Hände vorm Gesicht, und hörte sie halb sprechen, halb singen:

Oh mein Gott, ich hab' doch einen Sohn geboren
Er war so süß, so lieb, so schön!
Warum hab ich all mein Glück verloren
Warum mußte ich denn gehen?

Diese Verse wiederholte sie bis zur Erschöpfung und bis der Schlaf sie von der Trauer erlöste.
So vergingen die Jahre. Warida war inzwischen zum schönsten und begehrtesten Mädchen des Ortes herangewachsen, und jeder junge Mann wünschte sie sich zur Frau. Aber Warida lehnte zum großen Erstaunen ihrer Mutter und aller Freunde und Bekannten jedes Angebot ab, auch das der reichsten und angesehensten Männer der Gegend.
Immer wollte sie ihre Zeit allein verbringen. Fast jeden Tag lief sie in den nahegelegenen Korkeichenwald, um sich an einer Quelle, deren Wasser smaragdgrün aus dem Berg hervorsprudelte, auf einen Stein zu setzen und dem Raunen und Plätschern des Wassers zu lauschen, das in vielen Kaskaden herabsprang und sich in einer kleinen Mulde zu einem Teich sammelte.
Dann dachte Warida wehmütig an die Vergangenheit... Manchmal legte sie ihre Kleider ab, um ein Bad zu nehmen, denn das Wasser der Quelle war warm. Wenn sie nach dem Bad wieder ihren weißen Kaftan angezogen hatte, setzte sie sich unter einen Mandelbaum, kämmte ihr langes Haar, spielte mit den Locken, dachte an Vater und Bruder, die sie nie wiedersehen durfte. Sie versuchte, sich an sie zu erinnern, aber die Bilder verblaßten mehr und mehr, und es blieb nur die Sehnsucht in ihrem Herzen.
Eines Tages, als sie wieder zu ihrer Lieblingsquelle gegangen war und wieder ein Bad genommen hatte, blies ein sanfter Zephir, der ihr Gesicht und Körper streichelte, bis sie in einen tiefen Schlaf sank.
Als sie fest eingeschlafen war, trat hinter dem Mandelbaum ein junger Mann hervor, kniete vor dem schlafenden Mädchen nieder und war so betroffen von seiner Schönheit, daß er weinte. Er betrachtete

sie lange und wagte nicht, sich zu bewegen, aus Angst, sie könnte erwachen und ihn bemerken.

Warida aber träumte währenddessen von einem jungen schönen Mann, den sie auf ihrem täglichen Weg zur Quelle schon von weitem unter ihrem Mandelbaum stehen sah. Als sie herangekommen war, blickten sie sich an, als hätten sie aufeinander gewartet und schon lange Zeit gekannt. Warida verspürte einen Schmerz, als hätte ein Pfeil ihr Herz durchbohrt. Der Schmerz ließ sie erwachen. Erschrokken sprang sie auf, voller Angst um sich blickend, doch rundherum herrschte Totenstille, und weit und breit war nichts zu sehen außer einem kleinen Vogel, der auf einem Ast des Mandelbaums saß.

Es dämmerte bereits, und Warida lief so schnell sie konnte zu ihrer Mutter, die schon voll Unruhe auf sie wartete. Seither dachte Warida nur noch an den Mann, der ihr im Traum begegnet war und dessen Gesicht sie nicht vergessen konnte. In den nächsten Tagen ging sie immer wieder zur Quelle und blieb länger als gewöhnlich, in der Hoffnung, ihr Traum würde sich verwirklichen... aber nichts geschah!

Als sie zum siebten Mal nach diesem Traum zur Quelle gegangen war, sah sie unter dem Mandelbaum einen schlafenden jungen Mann, dessen schönes Gesicht von schwarzen Locken umrahmt war. Behutsam näherte sie sich ihm und erschrak, denn es war der Mann, der ihr im Traum erschienen war. Sie kniete vor ihm nieder, betrachtete ihn lange, küßte ihn zärtlich auf die Augen und lief schnell weg.

Als der junge Mann kurz darauf erwachte, erstaunte er sehr, daß nicht das leiseste Lüftchen wehte, denn er meinte, der sanfte Zephir hätte sein Gesicht gestreichelt und ihn geweckt. Seine Augen aber suchten überall nach dem schönen Mädchen, das er vor sieben Tagen an diesem Platz erblickt hatte, und das er nicht mehr vergessen konnte... Aber nichts war zu sehen.

Tag für Tag suchten der junge Mann und Warida sich voller Hoffnung an der Quelle, aber sie begegneten sich nicht. Als wieder sieben Tage vergangen waren, standen sich die beiden hinter der letzten Biegung des Weges, der zur Quelle führte, plötzlich gegenüber. Ihre

Augen trafen sich, aber beide waren so erschrocken, daß jeder seinen Blick abwandte und schnell weitereilte. Dies wiederholte sich zweimal. Das erste Mal versuchte Ali, so hieß der junge Mann, Waridas Blick zu fangen, aber sie schaute in eine andere Richtung und ging, wie es schien, unbekümmert weiter. Das zweite Mal sah Warida Ali an, als wollte sie seinen Blick erzwingen, aber er tat, als hätte er sie nicht bemerkt und ging weiter. Endlich, beim dritten Mal, als sie sich wieder an der gleichen Stelle begegneten, blieben beide stehen, sahen sich lange in die Augen, bis sie einander umarmten und fröhlich Hand in Hand zur Quelle gingen, wo sie sich ewige Liebe schworen. Ali und Warida beschlossen, sich jeden Tag unter dem Mandelbaum zu treffen. Sie waren glücklich, lachten, spielten, sangen und tanzten, fingen Schmetterlinge und pflückten Blumen. So ging es sieben Wochen und sieben Tage lang. Dann meinte Ali, es sei an der Zeit, die Heirat vorzubereiten, und er versprach, sich um alles zu kümmern.

Als sie sich aber wiedertrafen, war Alis Gesicht weiß wie Schnee, jeder Tropfen Blut schien aus ihm gewichen zu sein. „Was ist mit dir?" fragte Warida besorgt. Ali schwieg lange, sah sie traurig und verzweifelt an und sagte schließlich: „Wir können niemals heiraten, ich bin dein Bruder, und du bist meine Schwester... Oh Gott, wofür werden wir bestraft?" Als Warida das hörte, umarmte sie Ali, und sie weinten viele Stunden lang unter dem Mandelbaum, bis zum Einbruch der Dunkelheit. Trotz aller Hindernisse wollten beide für immer zusammenbleiben.

Die Treffen wurden seltener und schwieriger, da Vater und Mutter nun Bescheid wußten.

Eines Abends sagte die Mutter zu Warida: „Mein Kind, wenn du mit Ali glücklich wirst... ich hätte nichts dagegen... aber der Kadi Omar wird, wie er mir sagte, niemals in diese Heirat einwilligen."

Warida berichtete Ali von ihrem Gespräch mit der Mutter, und auch Ali erzählte, daß der Vater einwilligen würde, aber der Kadi Omar habe sich entschieden gegen die Heirat ausgesprochen.

Wieder vergingen sieben Wochen. In dieser Zeit trafen sich Ali und

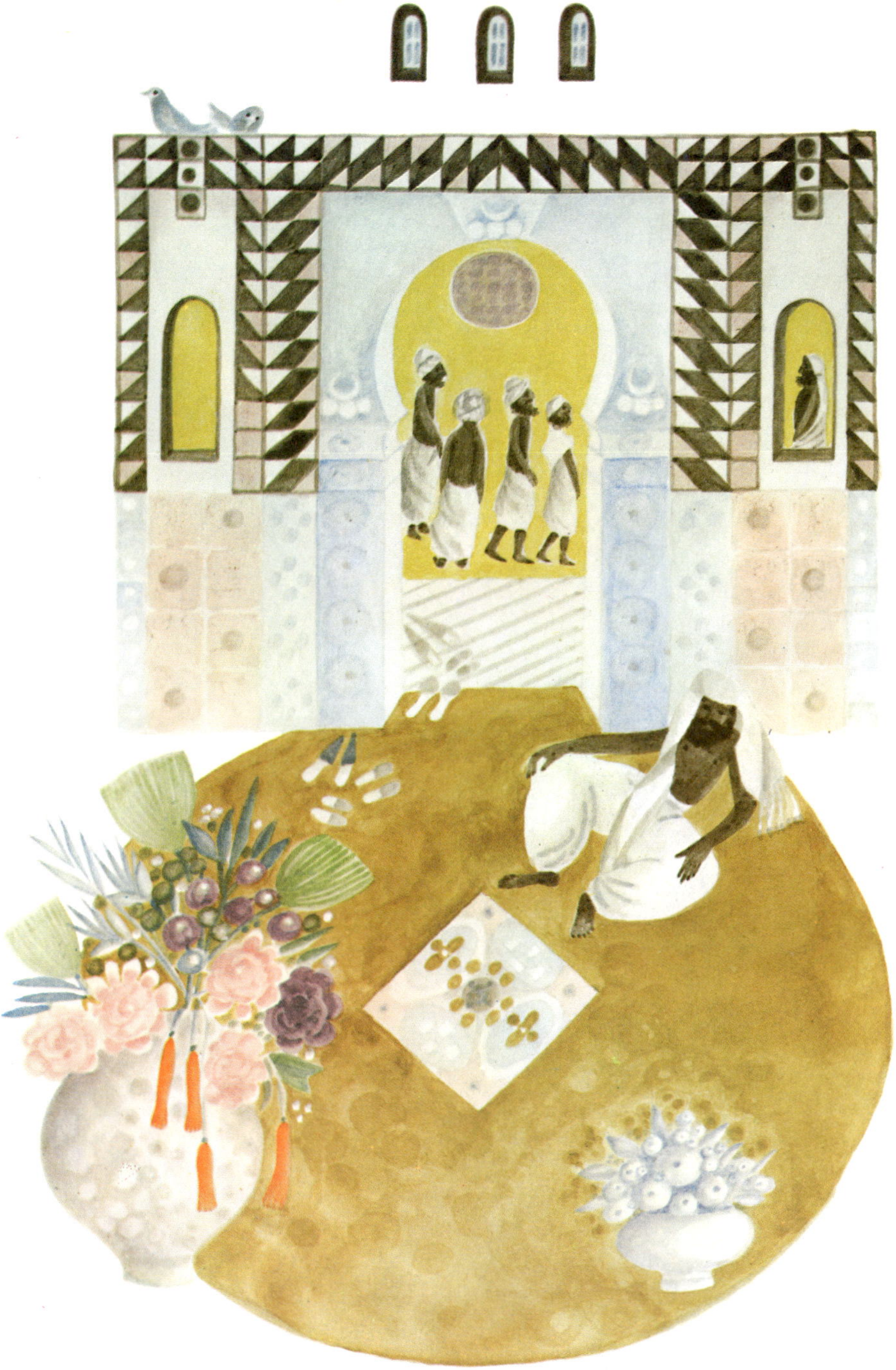

Warida ab und zu und versuchten, alles Leid zu vergessen, aber es war nicht mehr wie früher.
Als der siebte Tag der siebten Woche vorbei war, kam Ali mit einer Botschaft zum Treffpunkt, die sie zugleich erfreute und erschreckte: Kadi Omar, der die Heirat verboten hatte, war tot in seinem Haus gefunden worden. Die Leute glaubten, das sei ein Zeichen des Himmels. Und so kam es, daß der neue Kadi der Verbindung zustimmte.
Der Tag der Hochzeit war der glücklichste in Alis und Waridas Leben. Warida wartete zu Hause bei der Mutter, die die ärmliche Hütte festlich geschmückt hatte, bis Ali kam, sie abholte und in sein Haus führte. Dort waren bereits viele Gäste versammelt. Der Vater hatte alles getan, um seinem Lieblingssohn ein großes Fest zu bereiten. Immer mehr Gäste, auch von weit her, kamen angereist, teils aus Neugierde, teils aus Freude über die Heirat der beiden Liebenden. Im Garten blühten Rosen in üppiger Farbenpracht, und Ali lächelte seine Warida an und flüsterte ihr immer ins Ohr: „Aber du bist die schönste aller Rosen!"
In einer Laube war auf einer langen Tafel ein köstliches Mahl in silbernen Schüsseln bereitet. Gebratene Lämmer, die verschiedensten Gemüse und köstlichsten Salate aus dem ganzen Land. Auch blutrote Granatäpfel, duftende Apfelsinen, dicke, gelbe Mispeln, pralle, hellrote und schwarze Kirschen, saftige Äpfel und Birnen, frische grüne Feigen und Datteln türmten sich auf silbernen Schalen. Frauen und Männer waren nach altem Brauch durch eine aus Stroh geflochtene Wand getrennt. Aber Ali kam immer zu dem kleinen Durchgang, um Warida zu sehen, auch sie tat das Gleiche.
Zwei Kapellen waren eingetroffen: eine Männerkapelle ausschließlich für die Ohren der Männer und eine Frauenkapelle für die Frauen. Es waren sehr alte Frauen, die alle die gleichen Instrumente spielten, kleine Trommeln. Eben hockten sie sich hin, um mit dem Spiel zu beginnen.
Doch im Augenblick des ersten Trommelschlags verfinsterte sich der Himmel, es wurde dunkler und dunkler, schließlich war es stockfinstere Nacht. Da teilte ein glutroter Blitz den Himmel, ein ohrenbe-

täubenden Donner folgte, die Erde begann so heftig zu beben, daß die üppig gedeckte Tafel umfiel und das große Gartentor einstürzte. Alle waren von einer furchtbaren Panik ergriffen, liefen zusammen und hielten einander fest. Ali suchte verzweifelt Warida, bis er sie endlich fand und sie sich weinend umarmten.

Aber die Erde bebte weiter, es blitzte und donnerte... das Haus stürzte ein... Ali und Warida sahen sich ein letztes Mal in die Augen... dann folgte eine unheimliche Stille. Bewegungslos standen alle da: zu Stein erstarrt bis in alle Ewigkeit!

Und man erzählt sich, dies sei die Strafe Gottes gewesen für die verbotene Heirat. Andere aber meinen, Gott wollte auf diese Weise Warida und Ali ihre Liebe für immer bewahren und ihnen weitere Prüfungen ersparen...

Bis zum heutigen Tag sieht man all die versteinerten Gestalten, die berühmten Kalkkaskaden von Hammam Meskhoutine, dem Bad der Verdammten!

Und wer genau hinschaut, der kann deutlich Ali und Warida erkennen, die sich fest umschlungen halten.

Tin Hinan die Königin der Tuareg

Der Legende nach ist Tin Hinan die Vorfahrin aller Tuareg, der vornehmen blauen Reiter der Sahara.
In vergangener Zeit begab es sich, daß die schöne edelmütige Tin Hinan von Tafilalet zum Hoggar-Gebirge zog, um dort ein neues Leben zu beginnen; in ihrer Heimat herrschte große Not.
Sie machte sich mit einer gewaltigen Karawane, begleitet von ihrer treuen Dienerin Takamant und einer großen Anzahl schwarzer Sklaven auf den Weg durch die erbarmungslose Wüste. Sie selbst, da von hohem Rang, saß auf einem prächtigen weißen Kamel, das beladen war mit Datteln und Honig, die sie dem neuen Land und seinen Fürsten als Geschenk darreichen wollte.
Der Weg zum Hoggar war lang und beschwerlich. Grenzenlos dehnte sich die Wüste aus. Die rauhe Wildnis, die schroffen Felsen und die endlose Stille zermürbten die Leute. Tagsüber brannte die Sonne, nachts durchschüttelte sie eine ebenso scharfe Kälte, die bis in die Zelte und in die Kleider drang.
Die Karawane war so erschöpft, daß sie sich nur mühsam und mit letzter Kraft vorwärts bewegte. Die Vorräte neigten sich dem Ende zu. Der Hunger wuchs, und die Karawane sah den sicheren Tod vor Augen.
Nach einer schweren Nacht entdeckte die Karawane in der Morgendämmerung etwas Seltsames: In der Ferne sah man unzählige kleine Hügelchen, die aus lauter Ameisen bestanden!
Tin Hinans Begleiterin, die treue Takamant, ließ ihr Kamel halten und niederknien. Sie stieg aus dem Sattel, um zu sehen, was diese seltsame Ansammlung von Ameisen wohl zu bedeuten habe. Tief erstaunt begriff sie, daß die Ameisen, die emsigen, unermüdlichen Ar-

beiter, Unmengen Korn gesammelt und angehäuft hatten. Es kam ihr wie ein Wunder vor, die Ameisen hatten für Tin Hinan und die Ihren Sorge getragen und sie vor dem Tod bewahrt.
Mit Tränen in den Augen eilte Takamant ihrer Herrin entgegen, um ihr die Kunde von ihrem Glück zu überbringen: „Meine Herrin Tin Hinan!" stammelte sie beinahe, „wir sind gerettet. Die Ameisen! Sie bringen uns Himmelsbrot!"
Tin Hinan weinte auch vor Freude. Sie befahl den Sklaven, das Korn der Ameisen einzusammeln. Von ihrer Sänfte aus beobachtete Tin Hinan, wie die Sklaven die Säcke mit Korn füllten.
In der Karawane herrschte Freude und Erstaunen, man sprach Gebete und jubelte vor Dankbarkeit. Diese Nahrung war Gottesbrot, sie kam vom Himmel. Die Karawane setzte dank dieses Wüstenmannas ihre Reise fort und kam sicher und unversehrt im Hoggar an.
Um diese wunderbare Begebenheit zu feiern, zollten die Nachkommen von Takamant Jahr für Jahr den vornehmen Tuareg, den Söhnen und männlichen Nachkommen Tin Hinans Tribut.
Die weiblichen Nachkommen Tin Hinans werden noch heute die „Atlantiden" genannt, „Töchter des Atlas". „Atlantiden" könnte aber auch „Töchter von Atlantis" bedeuten. Die sagenumwobene Insel, so behaupten manche, hat in der Wüste gelegen. Tin Hinan sei die Königin des sagenhaften untergegangenen Atlantis gewesen.
Heute noch wird das Grab Tin Hinans verehrt, obgleich es schon lange keine Sklaven mehr gibt.

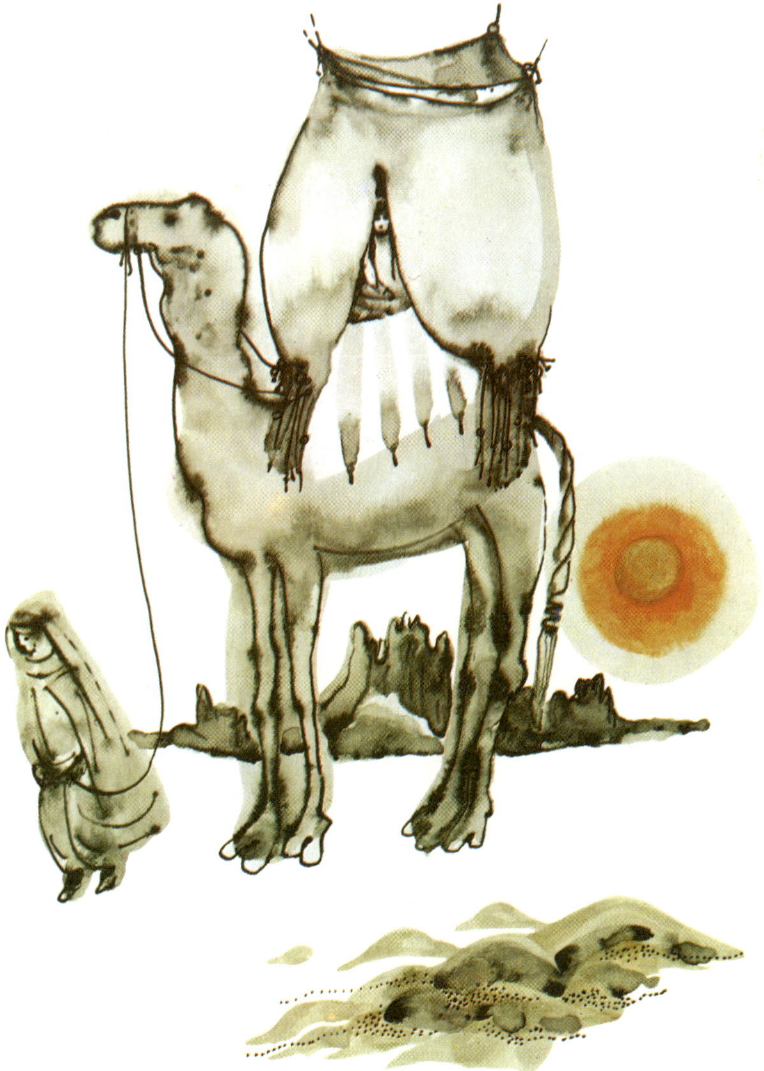

Sophoniba und Masinissa

Vor Hunderten vor Jahren, lange vor Christi Geburt, als die Römer und die Punier noch die Herrscher des Mittelmeerraumes waren und auch im Norden Afrikas erbittert um die Macht kämpften, da herrschten in jenem Gebiet, das wegen der vielen umherziehenden Stämme Numidien genannt wurde, zwei Könige: Numidien war geteilt!
In einem Teil herrschte König Syphax in seiner Hauptstadt Cirta, dem heutigen Constantine, nicht weit von Karthago, der Hauptstadt der Punier, gelegen. In dem anderen Teil, gegen Westen, in Siga, versuchte der viel jüngere und stolze Masinissa seine ererbten Rechte zurückzuerobern. Doch da Syphax auch in Siga bereits Fuß gefaßt hatte, zog Masinissa einen Teil seiner Truppen auf der Insel Akra, die Siga direkt gegenüberliegt, zusammen, um in Sicherheit zu sein und von dort alle Vorgänge genauestens zu beobachten. Doch weder Syphax noch Masinissa waren die eigentlichen Herrscher dieses Landes. Das Heer des Syphax war dem Oberbefehl Karthagos unterstellt, das des Masinissa dem Oberbefehl Roms. Beide numidischen Könige strebten nach der Herrschaft über das ganze Reich. Römer und Punier unterstützten mit dem gleichen Ziel ihren jeweiligen Verbündeten.
Syphax war sich seines Sieges sicher. Er war den Puniern treu ergeben und hatte sogar die kluge, wegen ihrer Schönheit und Tugend überall gerühmte Sophoniba, die Tochter des mächtigen Feldherrn Hasdrubal aus Karthago, zur Gemahlin erhalten, obwohl Sophoniba nicht ihm, dem einflußreichen und machtvollen Syphax zugetan war, sondern Masinissa liebte, dem sie seit langem versprochen war. Durch diese Verbindung gedachte ihr Vater, der machtgierige Has-

drubal, seinen Einfluß in Numidien zu sichern. Auf die Bitten und Klagen seiner Tochter, doch ihrer Liebe zu Masinissa zu gedenken, achtete er nicht.

Für Sophoniba war der Tag ihrer Hochzeit mit Syphax der unglücklichste ihres Lebens. Nichts wünschte sie sich sehnlicher, als Masinissas Sieg über Syphax.

Aber auch Masinissa liebte Sophoniba, und wegen der erzwungenen Ehe hatte er Syphax bittere Rache geschworen. Oftmals spähte er heimlich in der Abenddämmerung zum Palast des Syphax hinüber. Wenn dort die Lichter erstrahlten und er den Schatten Sophonibas an einem Fenster oder unter einem Torbogen erblickte, zog sich sein Herz in schmerzlicher Sehnsucht zusammen. Auch ließ er in einem Säulengang, direkt gegenüber den Gemächern Sophonibas, immer, wenn er auf seinem geheimen Beobachtungsposten war, sieben Leuchter anzünden, so daß Sophoniba wußte, wann er sich in ihrer Nähe befand. Sophoniba antwortete ihm in gleicher Weise. Weil sie aber in größter Angst vor ihrem Gemahl lebte, zündete sie nur ein kleines Öllämpchen an einem winzigen Fenster des äussersten Turmes an. So ging es lange Zeit. Einmal ließ sie Masinissa sogar durch einen heimlichen Boten ein Medaillon aus Elfenbein mit ihrem Bildnis schicken, das er fortan immer bei sich trug.

Als der Krieg zwischen Römern und Puniern erneut ausbrach, unterstützte Masinissa die Römer, Syphax aber die Punier.

Während des Krieges stand Sophoniba Tag für Tag, manchmal auch des Nachts auf den Zinnen des Palastes von Cirta, beständig in der Hoffnung, Masinissa würde sich mit seinem Heer siegreich dem Palast nähern. Syphax ahnte indessen, was in ihr vorging und war entschlossen, Masinissa hinterrücks zu töten. Als dieser mit seinem Heer siegreich in Cirta einrückte und den königlichen Palast eroberte, lief Sophoniba angsterfüllt an das große Palastportal, um Masinissa vor ihrem Mann zu warnen; aber auch ihr Geliebter hatte große Angst um sie, denn wie sollte er sie, die zu den Feinden zählte, vor seinem und dem römischen Heer schützen? Als er nun den gewaltigen Wall vor dem Palast durchstoßen und das Portal

aufgebrochen hatte, lenkte er die Aufmerksamkeit seines Heeres auf die Kostbarkeiten des Palastes, während seine Augen hoffnungsvoll nach Sophoniba suchten, bis er sie endlich versteckt hinter einer Säule erblickte.
Vor Glück fielen sie sich in die Arme, küßten sich, weinten und lachten vor Freude und vergaßen fast, daß rings um sie ein blutiger Kampf tobte, in dem Syphax unterlag. Sophoniba faßte sich zuerst und riet Masinissa, sich vor den Römern in acht zu nehmen:

„Du hast ihnen zum Sieg verholfen, ohne dich und deine Soldaten wären sie verloren gewesen! Aber jetzt brauchen sie dich nicht mehr und werden von dir verlangen, mich an sie auszuliefern, denn sie verachten und mißtrauen allen Puniern. Niemals werden sie gestatten, daß wir zusammenbleiben!"
Masinissa aber erwiderte:
„Ich liebe dich, und niemals werden die Römer dich mir entreißen, du bist meine Frau!" Zum Zeugen rief er einen seiner Feldherrn – und so ward die Ehe mitten im Kampf geschlossen!

Als die Römer jedoch von dieser Heirat erfuhren, zürnten sie Masinissa, der ihnen zum Sieg verholfen hatte, und hätten ihn am liebsten beseitigt. Der römische Feldherr ließ ihm ausrichten:
„Weißt du nicht, daß eine Punierin treulos ist, Masinissa! Alle Geheimnisse wird sie durch dich erfahren und den Ihren verraten, und wir werden die Verlierer sein! Was nützt es uns, daß sie dich liebt! Sie will dich für sich und für ihr Volk gewinnen! Niemals werden wir dieser Verbindung zustimmen, deine Gemahlin kann sie nicht bleiben. Diesen Befehl hast du zu befolgen!"
Masinissas Heer war zu schwach, um etwas gegen die Römer ausrichten zu können. Zum ersten Mal wurde ihm bewußt, daß die Römer ihn nur benutzt hatten, um ihre Macht über das numidische Volk zu stärken. Unzählige Numider, die mit Syphax gekämpft hatten, waren gefallen. Hätten sie nicht gemeinsam für ihr Land und für ihre Rechte gegen die Römer und die Punier kämpfen sollen? Nun aber gab es keine Lösung, kein Zurück! Sie waren verloren! Und so sandte Masinissa zu Sophoniba einen Boten, der ihr, nach königlichem Brauch, versteckt in einem Hut, das Gift darreichen sollte, damit sie der Schmach, den Römern in die Hände zu fallen, entgehe und ihre Liebe für immer bewahrt bleibe!
Spät in der Nacht nahm Sophoniba das Gift in Empfang, traf ein letztes Mal vor ihrem Tod ihren Gemahl im geheimen Turmzimmer. Dort verweilten sie einige Stunden und sprachen so, als könnten sie nun für immer beisammen bleiben. Erst in der Morgendämmerung verließ Sophoniba Masinissa, kehrte in ihre Gemächer zurück und nahm ohne Zögern das Gift.
Ihre letzten Worte waren:
„Oh mein Gemahl, meiner Liebe eingedenk, sei dies mein Hochzeitsgeschenk!"
Masinissa aber schwor sich bittere Rache. Er vergrößerte mit Hilfe der Römer sein Reich, und es entstand der erste Staat auf algerischem Boden. Das Land blühte unter seiner Herrschaft, er förderte die Landwirtschaft, so daß Numidien die Kornkammer Roms wurde und baute eine Flotte, die das berühmteste Transportmittel der Mit-

telmeerhäfen jener Zeit werden sollte: für Getreidelieferungen nach Rom, für den Transport der berühmten Kriegselefanten, für das begehrte Elfenbein und für das kostbare Thujaholz. Aber die Römer zu besiegen, war ihm nicht vergönnt. Dies schaffte erst sein Enkelsohn, der berühmte Numiderkönig Jugurtha.
Jedoch immer wieder, in einsamen Stunden, bis zu seinem Tode, gedachte Masinissa seiner Liebe zu Sophoniba und betrachtete voller Liebe und Wehmut das kleine Medaillon mit ihrem Bildnis, das sie ihm einst geschenkt hatte.

Die Entstehung von Ghardaia

Sidi Bou Djemma, ein Heiliger, zog durch die Wüste. Er suchte eine Heimstätte für sich und die Seinen. Er war schon viele Tage und Nächte unterwegs gewesen und hatte Hunger und Durst unter der Wüstensonne auf sich genommen. Er und sein Stamm waren rechtgläubige Muslime, aber sie hatten sich mit anderen Glaubensbrüdern aus religiösen Gründen entzweit. Um ihres Glaubens willen waren sie schon zweimal aus ihren Niederlassungen vertrieben worden.
Sidi Bou Djemma war vorausgegangen, um die Gegend zu erkunden und mit Gottes Hilfe einen geeigneten Platz zu finden, an dem sie sich für immer ansiedeln könnten. Das war kein leichtes Unternehmen in dieser unwirtlichen Gegend.
Es war bereits Nacht, als er sein Zelt aufschlug und sein müdes Haupt und seine wunden Füße ausruhen wollte. Doch der blaue, sternenglänzende Himmel zog ihn so an, daß er sich vor sein Zelt setzte und meditierte. Er dachte auch über das Elend der Menschen und der Welt und über das Los seiner Glaubensbrüder nach.
In der Ferne sah er ein rötliches Lichtlein flackern, das sich nicht von der Stelle bewegte. Obwohl er todmüde war, zündete auch Sidi Bou Djemma eine kleine Laterne an und ging in die Richtung des Lichts. In der Wüste sind die Menschen aufeinander angewiesen, und es ist eine schwere Sünde, auf den Schein eines Lichts nicht zu reagieren, oder das eigene zu löschen, es könnte den Tod eines Menschen bedeuten.
Nach einer Stunde erreichte Sidi Bou Djemma eine Sebkha, an deren äußerstem Ende er eine Grotte entdeckte, aus der der Lichtschein eines Feuers drang. Er trat ein und traute seinen Augen nicht.

Da kauerte ein junges schönes Mädchen auf dem Boden vor einem Feuer, das bald zu erlöschen drohte, und weinte bitterlich. „Salamaleikum, mein liebes Kind", begrüßte Sidi Bou Djemma das Mädchen. „Warum sitzt du allein in dieser Grotte, in dieser verlassenen Gegend? Wer bist du, woher kommst du?"
Das Mädchen erschrak zuerst, dann aber war es erleichtert und erfreut, nach vielen Stunden der Angst und der Einsamkeit einen Menschen zu sehen, voller Zuversicht blickte sie in Sidi Bou Djemmas gütiges Gesicht.
„Ach, Herr", sagte sie, „ich heiße Daya und habe die Gebote Gottes gebrochen. Ich erwarte ein Kind, und meine Eltern haben mich verstoßen, damit ich in der grenzenlosen Einsamkeit Buße tue! Ach, niemals wird Gott mir verzeihen!"
„Mein liebes Kind", erwiderte Sidi Bou Djemma und konnte nur mit Mühe die Tränen zurückhalten, „Gott wird dir verzeihen, er ist groß und gütig und erhaben über unsere irdischen Vergehen! Hab' keine Angst, ich werde mich um dich kümmern! Bald kommen meine Leute, wir gründen eine Stadt, du kannst mithelfen!"

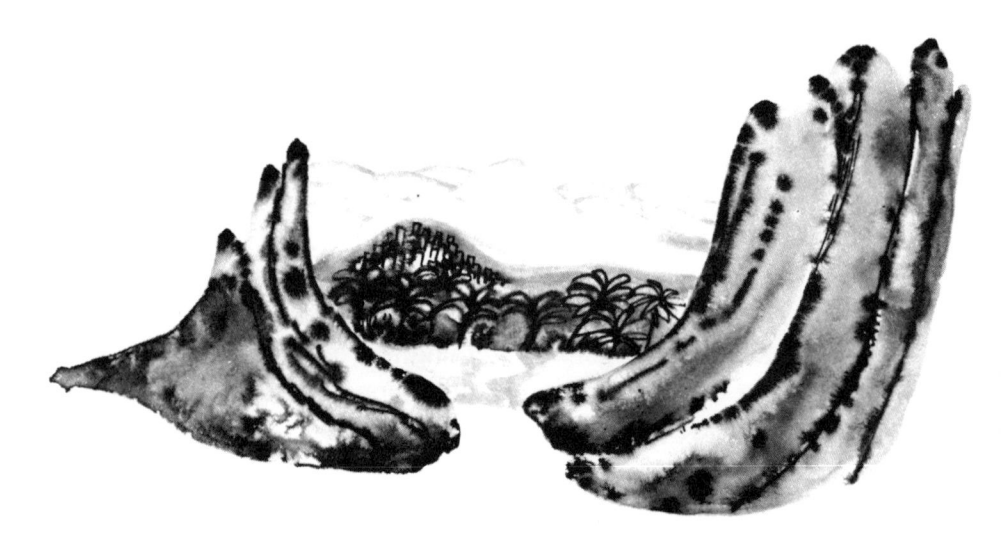

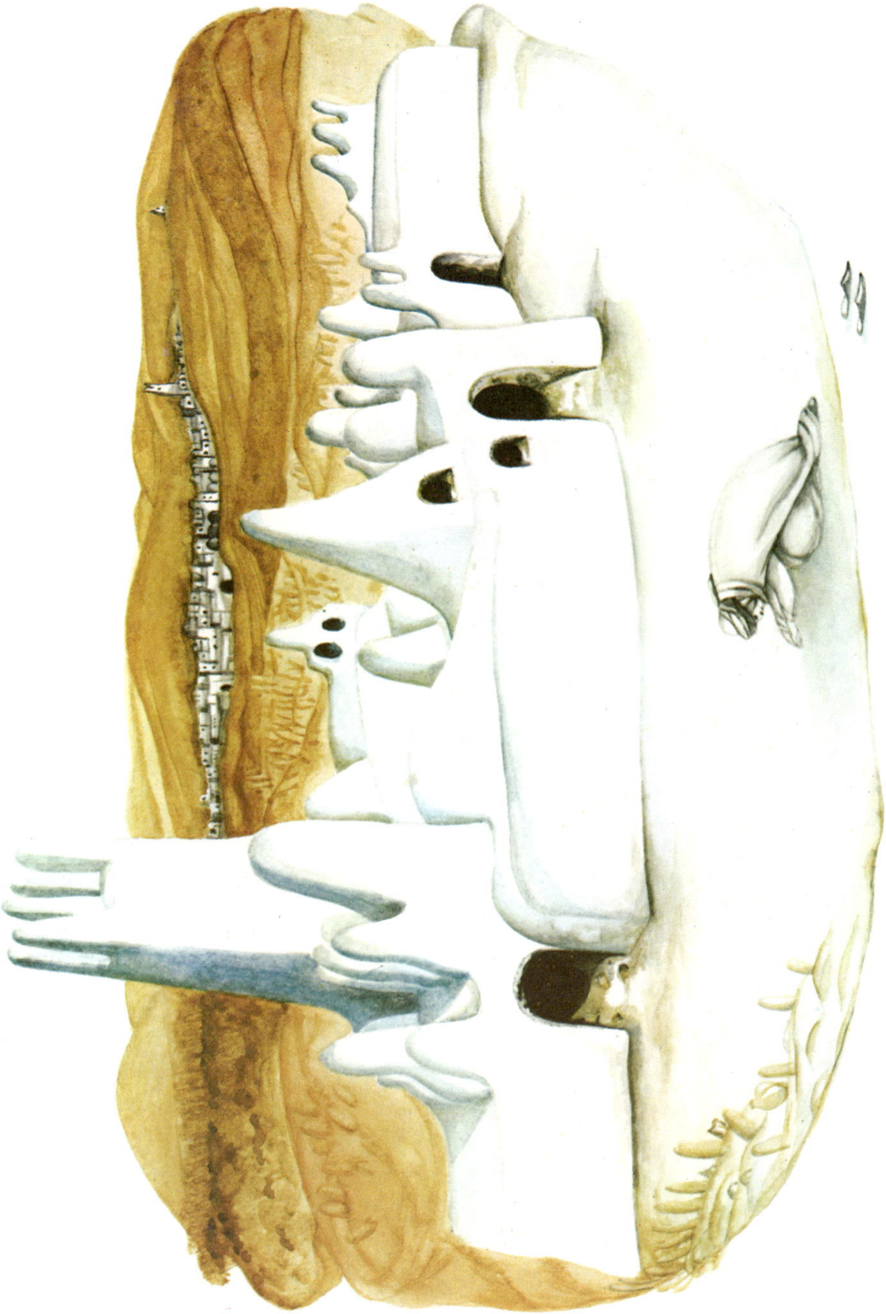

Daya überraschten diese Worte und sie hörte auf zu weinen. Die ganze Nacht hindurch wachte Sidi Bou Djemma vor der Grotte. Er verjagte mit seinem großen Stock Schakale, Schlangen und Skorpione und betrachtete von Zeit zu Zeit die friedlich in der Grotte schlafende Daya. Sein Herz erfaßte eine tiefe Liebe zu ihr. In der Morgendämmerung machte er sich auf den Weg, um sein Zelt zu holen und es neben der Grotte aufzuschlagen. Er sammelte Früchte und Kräuter und schoß Vögel in einer nahen Oase, wovon sie sich ernährten.

Eine Woche später bat er Daya, seine Frau zu werden. Sie willigte ein. Als Morgengabe schenkte er ihr nach der Hochzeitsnacht einen silbernen Armreif, der Zauberkraft besaß und giftige Schlangen und Skorpione von ihr fernhielt. Auch reichte er ihr einen dicken, schafwollenen Umhang, der sie vortrefflich vor der Hitze und vor den Blicken der anderen, die bald eintreffen würden, schützen sollte. Daya konnte kaum fassen, daß ihr nach aller Schmach und Schande so viel Glück widerfahren war. Sie liebte Sidi Bou Djemma von Herzen. Daya brachte einen Sohn zur Welt, den Sidi Bou Djemma wie seinen eigenen aufzog, und im Laufe der Zeit schenkte sie ihm noch viele Kinder.

Die Stadt, die Sidi Bou Djemma mit seinem Stamm in der Wüste gründete, nannte er nach dem Ort, an dem er Daya gefunden hatte: Ghar-Daia, „Ghar" bedeutet Grotte. So entstand die Stadt Ghardaia. Noch heute tragen die Frauen von Ghardaia dicke, weiße Wollumhänge, die auch das Gesicht verhüllen. Wüstenkenner wissen, daß Wolle am besten gegen die Wüstensonne schützt. Die Moschee, die Sidi Bou Djemma mit den Seinen aus Palmenstämmen erbaute, kann man noch heute besichtigen, ebenso die vier Städte, die von Ghardaia aus im Gebiet des Wadi M'Zab gegründet wurden. Ihre Bewohner werden noch heute nach ihrem Wüstental Mozabiten genannt. In mühseliger Arbeit haben sie aus der kalkigen, vegetationslosen Sebkha ein fruchtbares Gebiet gemacht, indem sie zahlreiche tiefe Brunnenschächte gruben, wo sich das Regen- und das Grundwasser sammelte, das den vielen Oasen Wasser spendet und den Menschen das Leben sichert.

Die alte Aischa

Die berühmte Belagerung von Tlemcen Ende des 13. Jahrhunderts hatte eine merkwürdige Wendung genommen.
Die Stadt war aufs äußerste geschwächt: Hunger und Krankheit hatten sich ausgebreitet und alles vernichtet, was dem Schwert des Feindes entgangen war. Deshalb hatten sich die Stadtväter und angesehensten Bürger der Stadt versammelt, um zu beraten, was sie unternehmen könnten, damit die Stadt gerettet werde.
Schließlich kamen sie zu einem alle bestürzenden Ergebnis, das aber das einzige zu sein schien, das zu einer Rettung der Stadt führen konnte: die bedingungslose Übergabe der Stadt.
Während sie im Palast eines der Stadtväter darüber sprachen, lauschte Aischa, die älteste Dienerin des Hauses an der Tür. Schließlich öffnete sie die Tür, trat beherzt vor die Versammlung und erhob selbstbewußt ihre Stimme:
„Hört mir zu, ihr Leute, hört der einfachen Dienerin zu, die euch helfen will... Hört mir zu, ich bitte euch: Ihr seid einfallslos! Ja, einfallslos seid ihr! Wir müssen die Übergabe der Stadt um einige Tage verzögern, und ihr werdet sehen, dann sind wir gerettet!"
Alle staunten darüber, daß Aischa, die alte, gehorsame Dienerin es wagte, diese wichtige Sitzung zu unterbrechen. Alle starrten auf sie, bis einer der würdigen Stadtväter schließlich fragte:
„Wer ist diese Person?"
„Wer hält uns hier für Esel?", fragte ein anderer.
Aischa fuhr jedoch unbeirrt fort: „Beim Propheten, ich versichere euch, der Feind wird in die Wüste zurückkehren, aus der er gekommen ist! Ich habe eine Lösung, hört mich an."
Die Anwesenden waren von ihrem selbstbewußten Auftreten beein-

druckt, und manche dachten: Vielleicht kommt von ungefähr die Rettung. Eine eigene Lösung hatten sie sowieso nicht.
Aischa fuhr fort: „Als erstes brauchen wir einen Esel!" „Und woher sollen wir einen Esel nehmen?" fragte einer der ältesten Männer. „Ihr wißt, daß wir uns nur noch von Kräutern und altem Leder ernähren, um zu überleben! Wo soll es da noch einen Esel geben?" „Aber ich kenne einen Mann", antwortete die alte Aischa, „der hat seinen Esel weder verkauft noch geschlachtet. Wenn ich ihm meinen Plan erkläre, wird er uns allen helfen und uns seinen Esel geben."
„Und dann?" fragten die anderen.
„Geduldet euch, habt Vertrauen! Es wird gelingen!"
Viele wünschten ihr Glück.

Zur Überraschung aller konnte Aischa nach einer langen Unterredung mit dem Mann den Esel bekommen, erstaunlicherweise ohne Gegenleistung. Aischa brachte stolz den Esel in den Palast, wo er auf ihren ausdrücklichen Befehl mit dem kostbaren Korn gefüttert wurde, das man in den leeren Speichern mühsam zusammensammelte. Das Korn brachte man mit Wasser zum Quellen und verdoppelte so die Menge. Der glückliche Esel genoß das ungewöhnliche Mahl, das er sogar in Friedenszeiten nicht bekommen konnte. Als der Esel aufgefressen hatte, führte Aischa ihn zum Stadttor, wo sie ihn freiließ und er wild vor Freude laut „iah-iah" schreiend umhersprang. Die gegnerischen Truppen horchten auf und fingen ihn. Sie freuten sich über das Tier, denn auch sie waren ausgehungert. Der Esel wurde sofort geschlachtet. Als sie ihm den Bauch aufschlitzten, sahen sie zu ihrer größten Überraschung, daß sich im Magen des Esels mehr als ein halber Scheffel Korn befand, den er noch nicht einmal verdaut hatte.

Diese Nachricht verbreitete sich in Windeseile im Feindeslager. Die Soldaten fingen an zu murren: „Wie können wir die Stadt aushungern! Sie füttern sogar ihre Esel mit Korn. Wir, die Belagerer, werden eher verhungern. Sie aber werden bis zum jüngsten Tag ausharren. Der Sultan mußte sich dem Drängen seiner Armee beugen. Zwei Tage später brachen die feindlichen Soldaten ihr Lager ab und verschwanden, wie sie gekommen waren.

Die alte Aischa lebt heute noch in der Erinnerung der Stadt als umsichtige, mutige Retterin.

Das Ziegenfell

Vor vielen hundert Jahren lebte ein König in Tlemcen, der Hauptstadt des Maghreb. Die Stadt lag inmitten grüner Berge und zahlreicher Quellen, die ihr den berberischen Namen gaben. Nicht nur Handwerk und Handel gediehen in dieser wichtigen Handelsstadt zwischen dem Inneren Afrikas und Europa, sondern auch die Künste und die Wissenschaften blühten. Der Palast der Königs von Tlemcen war so prachtvoll, daß er mit dem des Königs von Marakkesch verglichen wurde.
Der König hatte außer fünf Söhnen eine Tochter, die er über alles liebte. Sie hieß Scheherazade, und alle Leute sprachen von ihrer außergewöhnlichen Schönheit. Ihr langes dunkles Haar fiel ihr auf die Schultern und umspielte in Locken das schmale Gesicht. Ihre geheimnisvollen blauen Augen versetzten jeden, der sie ansah, in tiefes Erstaunen, jeder glaubte, in eine der Quellen Tlemcens zu schauen. Ihre Haut leuchtete weiß wie Alabaster, aber ihre Blässe war die Folge einer geheimnisvollen Krankheit, die kein Arzt heilen oder erklären konnte. Die Symptome der Krankheit waren außer der Blässe häufige Schwächeanfälle und eine unendliche Traurigkeit, von der das Mädchen seit langer Zeit befallen war. Scheherazade ahnte, daß sie nicht gesund, sondern sogar sehr krank war, aber sie hatte beschlossen, diesen Gedanken zu verbannen und mit niemandem darüber zu sprechen, woran sich auch ihr Vater hielt. Scheherazade glich ihrer vor vielen Jahren verstorbenen Mutter aufs Haar, und der König behandelte Scheherazade, ohne es selbst zu wissen, mit einer Aufmerksamkeit und einer Hingabe, als wäre sie seine geliebte Frau. So kam es, daß man sich überall erzählte, der König sei in seine

Tochter vernarrt und erfülle blind alle ihre Wünsche, wohl auch aus Angst, der Tod könne sie ihm, wie damals seine Gemahlin, entreißen.

Scheherazade genoß die überschwengliche Liebe ihres Vaters und ließ sich immer neue Wünsche einfallen. So bat sie ihren Vater, ihr im Erker eines Säulenganges einen Brunnen zu bauen. Er sollte die Form eines Schwans haben, durch dessen Schnabel das Wasser plätscherte. Auch diesen Wunsch gewährte ihr der König.

Dort saß Scheherazade häufig und erfreute ihren Blick an den verschlungenen Arabesken der Arkaden und an dem Rosengarten, auch fesselte sie der Blick auf den Vorraum des Frauenbades, dessen Mosaikwände goldblau, grün und rot schimmerten. Dort traf sie jeden Tag zur selben Stunde ihre Freundin Samira und ging mit ihr ins Bad.

Auch Samira war schön. Sie hatte dunkle Haut, und das tiefschwarze Haar umrahmte in winzigen Ringellöckchen ihr fröhliches Gesicht. Sie war vor nicht langer Zeit als Sklavin in den Palast gekommen. Doch der König schenkte ihr die Freiheit, er wollte für seine Tochter eine liebevolle Freundin und Gespielin gewinnen. Seitdem lebte Samira im Palast wie die leibliche Schwester Scheherazades. Die innige Freundschaft der beiden Mädchen hatte Scheherazades Zustand ein wenig gebessert. Die beständige Traurigkeit wich einer ungewöhnlich übersteigerten Fröhlichkeit, gleichzeitig häuften sich jedoch die Schwächeanfälle.

Von überall her ließ der König die erfahrensten Ärzte kommen. Auf ihren Rat baute er sogar ein Schwimmbecken im Park – ein einmaliges Bauwerk jener Zeit. Dies alles tat der König, damit seine Tochter sich voller Lust an Wasser und Wind ergötzte und gesundete. Aber umsonst. Die heimtückische Krankheit verschlimmerte sich von Tag zu Tag.

Da begab es sich, daß eines Tages ein Arzt aus Spanien seine Hilfe anbot. Es war der zu jener Zeit weltberühmte Arzt Rabb Ankaoua, ein frommer Jude. Der König, der schon viel von den Heilkünsten dieses Mannes erfahren, aber aus religiösen Gründen gezögert

إن الذين آمنوا وعملوا الصالحات لهم جنات تجري من تحتها الأنهار

hatte, ihn zu rufen, war hocherfreut und ließ ihn zu sich kommen.
Rabb Ankaoua war der erste Jude, der diese islamische Stadt betreten durfte. Er wurde mit Ehren empfangen und auf sieben Tage und sieben Nächte in den Palast eingeladen.
Jeden Morgen verweilte der Arzt bei der Prinzessin, befragte sie nach diesem und jenem, beobachtete ihr Verhalten, hörte sich ihre Träume an und befragte alle Palastbewohner über Scheherazade. Dann zog er sich in seine Gemächer zurück und überdachte den Fall. Abends speiste er mit dem König, plauderte mit ihm, berichtete von seiner Wissenschaft und versäumte auch nicht, dem König eine neue Ehe anzuraten.
Am sechsten Tag berichtete Rabb Ankaoua, daß er die Ursache der Krankheit gefunden habe, daß die Heilung aber Zeit in Anspruch nehmen und eine erfolgreiche Behandlung seine Anwesenheit noch eine Weile erfordern würde. Der König willigte ein, und Rabb Ankaoua blieb sieben Monate in Tlemcen.
Als die Zeit verstrichen war, hatte sich Scheherazades Zustand so gebessert, daß Rabb Ankaoua seine Abreise vorbereiten konnte, nicht ohne viele Anweisungen und Ratschläge zu hinterlassen. Dankbar umarmte der König Rabb Ankaoua und sagte:
„Freund, du hast uns geholfen, uns wieder Fröhlichkeit und Heiterkeit geschenkt, nenne drei Wünsche, was auch immer es sei, ich werde sie dir gewähren, soweit es in meiner Macht steht und Allahs Wille geschieht!"
Rabb Ankaoua dankte und erwiderte:
„Mein König, es erfreut mein Herz, euch allen geholfen zu haben, ich nehme dein Angebot gern an. So höre denn meine Wünsche: Der erste Wunsch ist ein Ziegenfell, der zweite, daß ich dieses Fell irgendwo in deiner Stadt ausbreiten darf. Dort will ich meinen dritten und letzten Wunsch äußern."
Der König war erstaunt über die Bescheidenheit des Arztes und sprach:
„Lieber Freund, deine Wünsche werden erfüllt, fast möchte ich sie als solche nicht gelten lassen."

Sogleich eilte ein Diener herbei und überreichte Rabb Ankaoua das Ziegenfell. Der König und der Arzt begaben sich in die Stadt, damit ein geeigneter Platz ausgewählt werde.

Unweit der alten Moschee ließ der Arzt sich nieder und zerschnitt zur Überraschung des Königs das Ziegenfell in viele schmale Streifen und fing an, diese auf den Boden zu legen, indem er bei einem Brunnen begann, dann einen Streifen an den anderen legte, dabei einen großen Bogen machte, bis er wieder mit dem letzten Streifen zum Brunnen gelangte. Auf diese Weise war ein kleines Viertel der Stadt von den Streifen des Ziegenfells eingeschlossen. Rabb Ankaoua sah den verwunderten König an und sagte: „Mein König, gestatte nun, daß ich den dritten und letzten Wunsch äußere: Dieses Viertel möge von nun an von Angehörigen meines Glaubens bewohnt werden. Wie du weißt, werden wir Juden von den Christen in Spanien grausam verfolgt. Sei so gütig und gewähre ihnen diese Bleibe!" Der König, abermals zutiefst gerührt, daß Rabb Ankaoua gar nichts für sich selbst beanspruchte, erwiderte: „Mein Freund, auch dein dritter und letzter Wunsch wird erfüllt werden. Wie du weißt, haben Muslime und Juden einst in Spanien und anderswo immer friedlich zusammengelebt, darum wird es auch hier in meiner Stadt möglich sein."

Als diese Entscheidung bekannt wurde, zogen viele Juden aus Spanien und von noch weiter her in dieses Viertel von Tlemcen und lebten hier in Frieden und Eintracht mit allen Bewohnern dieser islamischen Stadt.

Seitdem gibt es in Tlemcen ein Judenviertel. Und das Grab des Rabb Ankaoua auf dem jüdischen Friedhof wurde zu einer heiligen Stätte, zu der bis heute viele Juden, vor allem aus Tunesien, Marokko, Spanien und Frankreich pilgern.

Die getreuen Schwestern

Es war zur Zeit der Türkenherrschaft. Der Bey von Algier bewohnte mit seinen beiden Töchtern einen prachtvollen Palast in Algier, der auf dem höchsten Punkt des Djebel lag, von dem aus man den Hafen mit seinen kleinen Inseln und die Kasbah, das älteste Viertel Algiers überblicken konnte. Damals sah man noch die kleinen Inseln, die der Stadt den Namen Al Djezair, Die Inseln, gaben, und die heute durch die Vergrößerung des Hafens verschwunden sind.
Fatima und Aziza, die beiden Töchter des Bey waren unzertrennlich, alles unternahmen, alles berieten sie gemeinsam. Sie wollten immer zusammenbleiben. Ihre Tage verbrachten sie auf einer der vielen Terrassen, von denen aus sie das Meer und die Schiffe betrachteten, der Hitze des Tages entflohen und die Kühle der Sommernächte genossen.
Einmal erwartete der Bey einen vornehmen Algerier, einen Abgesandten des weisen Mohieddin, des Vaters des Freiheitskämpfers Emir Abd El Kader zu Besuch. Hassan, so hieß der Gesandte, sollte mit allen Ehren empfangen werden. Es ging darum, die Machtverhältnisse zwischen Türken und Algeriern zu klären und Verträge auszuhandeln. Der Bey schätzte den Algerier nicht nur wegen seiner türkischen Bildung, sondern wegen seines großen Wissens überhaupt, das ihm eine genußvolle Unterhaltung verhieß. Es war dem Bey bekannt, daß Hassan wie Mohieddin und dessen Sohn Abd El Kader leidenschaftlich die Unabhängigkeit ihres Landes erstrebten und sich nicht auf Intrigen und Kompromisse einließen.
Der Bey hegte insgeheim den Plan, eine seiner Töchter mit Hassan zu verheiraten, um die eigene Macht zu stärken. Am Tag der Ankunft des Abgesandten weilten Fatima und Aziza auf den Terrassen und

beobachteten, wie Hassan auf seinem Schimmel dahergejagt kam, vom Pferd stieg, die Zügel einem Diener zuwarf und in stolzer Haltung sich dem Palast näherte. Eilig liefen sie in den Innenhof, der dem Portal am nächsten lag. Kaum hatten sie sich in einer Nische versteckt, da betrat Hassan auch schon den Hof. Er war von hoher Gestalt, schmal und sehnig, sein Gesicht war ausdrucksstark, und als er dem Bey selbstbewußt entgegenschritt, suchten seine dunklen scharfblickenden Augen die des Türken. Unter seinem Kaftan trug er einen Säbel, eine Gebetsschnur aus Ebenholz und die Hadithen, die Sprüche des Propheten. Während der Bey Hassan ehrenvoll begrüßte, fühlten Fatima und Aziza sich einer Ohnmacht nahe. So sehr fühlten sich beide von ihm angezogen. Ob beide ihm angehören konnten? Es schien ihnen ausgeschlossen. Der Islam verbietet es einem Mann, Schwestern zu heiraten. Auch wollte keine der anderen wehtun und den geliebten Mann für sich allein besitzen. Selbst der Vater gab sein Vorhaben auf, als er begriff, daß keine der beiden Töchter allein die Ehe eingehen wollte.
Man erzählt sich, daß Fatima und Aziza kurze Zeit später aus Liebeskummer gestorben seien. Einige behaupten sogar, sie hätten sich das Leben genommen. Heute noch kann der Besucher der Kasbah die Gräber der beiden Schwestern, von Kerzen und Öllämpchen umgeben, sehen; ein Zeichen dafür, wie viele Frauen und Mädchen die Erinnerung an die beiden getreuen Schwestern bewahrt haben.

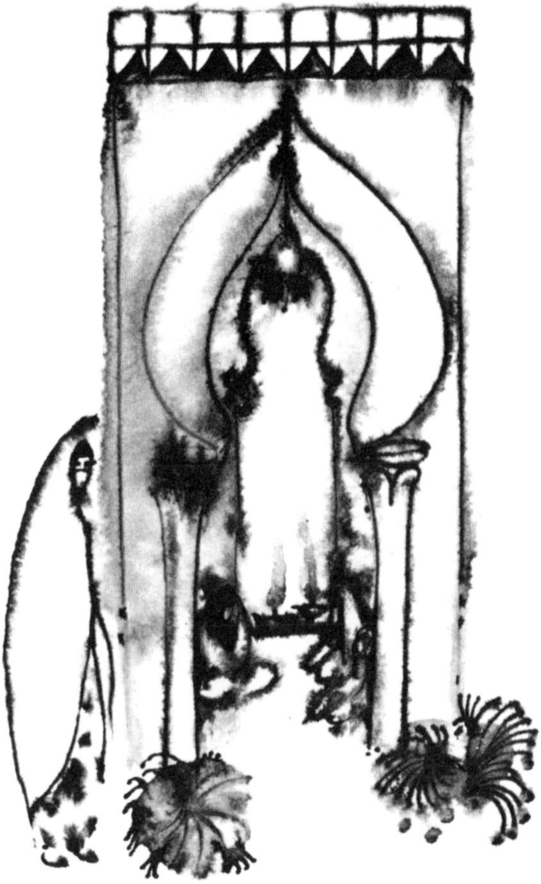

Das Nomadenmädchen Hiziya

Das Nomadenmädchen war schön wie eine Gazelle. Sie liebte ihren Vetter Said, und Said liebte sie. Als sie beide noch klein waren, hatten die Väter sie einander versprochen. Inzwischen war viel Zeit vergangen, und Hiziya sehnte sich nach Said und Said nach Hiziya. Vor der Heirat durften sie sich nicht treffen. So ging Hiziya häufig mit ihrer Freundin zum nahegelegenen Fluß, um Wasser zu holen und dort, aus sicherem Versteck, Said zu sehen, wenn er vorüberritt. Manchmal, wenn ihre Freundin Wasser schöpfte, wagte sie sich hervor und lief Said entgegen. Dann stieg Said von seinem Pferd, lächelte ihr zu und rief: „Komm morgen wieder!" Und Hiziya warf ihm als Zeichen ihrer Liebe eine Blume über den Fluß. Oft auch, wenn Hiziya nicht zu sehen war, stieg Said vom Pferd und wartete geduldig, ob sie nicht doch hinter den Sträuchern hervortrat. Immer aber trennte sie der Fluß, nie konnten sie zueinander kommen. So ging es viele Jahre lang, ihre Sehnsucht nach einander wurde immer größer.

Said war arm, und deshalb dachte Hiziyas Vater, er könne diese Ehe nicht zulassen. Als seine Tochter herangewachsen war, versprach er sie einem reichen Manne, der schon mit drei anderen Frauen verheiratet war.

Eines Tages rief der Vater Hiziya zu sich und sprach zu ihr: „Mein Kind, du wirst in einer Woche einen reichen, angesehenen Mann heiraten. Er heißt Brahim, danke Gott für soviel Glück! Bereite dich vor und sei glücklich. Ich tue das meine!"

Als Hiziya das hörte, überfiel sie eine so große Trauer, daß sie nicht einmal weinen konnte. Schweigend verließ sie das Zelt des Vaters und zog sich zurück. Am Tag darauf vertraute sie sich ihrer Mutter an und sprach von ihrer Liebe zu Said und davon, daß sie unmöglich diesen Brahim jemals heiraten konnte. Ihre Mutter verstand sie und bat den Vater, er möge seine Absicht überdenken und seine Tochter nicht unglücklich machen. Doch vergeblich; er blieb bei seinem Entschluß.

In ihrer Verzweiflung wagte es Hiziya, sich selbst an den Vater zu wenden. Erstaunt darüber, daß seine Tochter mit ihm über seine Entscheidung noch reden wollte, statt seinen Willen gehorsam zu befolgen, hörte er sie an. Ruhig und sicher stand Hiziya vor ihm und sprach: „Vater, ich liebe Said. Ich werde niemals einen anderen Mann lieben. Diesen Brahim kann ich nicht heiraten."

Der Vater blickte sie ernst an, schwieg lange und erwiderte: „Ich habe Brahim mein Versprechen gegeben, das ich halten muß, sonst handle ich gegen meine Ehre, meine Tochter. Die Worte, die man gesagt hat, sind wie Pistolenkugeln. Ich kann mein Versprechen nicht rückgängig machen! Niemals, selbst wenn ich wollte. Es gibt etwas, das stärker ist als ich!"

Hiziya begriff, daß ihr Vater seinen Entschluß vielleicht sogar bedauerte, daß ihm aber die Ehre über alles ging. Sein Wille war fest. Noch am selben Abend sah sie mit an, wie ihr Vater den reichen Brahim empfing und die vielen Geschenke entgegennahm: Schalen, gefüllt mit Gold und kostbarem, kunstvoll angefertigtem Schmuck. Silberne und goldene Arm- und Fußreifen, Ohrgehänge, Ringe, Ketten und Gürtel.

Nach diesem Eheversprechen durfte Hiziya das Zelt nicht mehr wie früher verlassen, um mit der Freundin Wasser zu holen. In ihrer Einsamkeit dachte sie nach, wie sie Said treffen oder ihm eine Nachricht übermitteln könnte. Sie erinnerte sich an Meloud, den bärtigen alten Mann, der bei den Gräbern lebte und den viele aus Gewohnheit oder aus Bosheit den Verrückten nannten.

Eines Nachts schlich sie sich aus dem Zelt zum Friedhof und fand ihn auch, als wartete er auf sie, auf einem Grab sitzend.

„Was hast du vor, Kind? Nur wenn Gott will, kommt ihr zusammen."

Mit Tränen in den Augen flehte sie ihn an, Said aufzusuchen und

ihn zu bitten, sie aus ihrer Not zu befreien. Meloud nickte ihr zu, tröstete sie mit einem Blick und ging. Er wandte sich noch einmal um und sagte leise: „Said kann keinen Menschen töten!"
Am Tag vor der Hochzeit durfte Hiziya nach langem Bitten mit ihrer Freundin zum Wasserschöpfen gehen. Am Flußufer hoffte sie, Said zu sehen. Sie hörte ein Pferd wiehern, aber nicht Said saß auf dem Pferd, sondern Brahim, stolz und gewichtig auf der Jagd nach einer Gazelle, Hiziya war sehr erregt. Sie versteckte sich nicht, sondern lief den schmalen Pfad am Fluß entlang. Sie wünschte innig, daß es ihm nicht gelänge, die Gazelle zu erlegen. Nach einer Weile erschien er wieder, betreten und erschöpft, vor Wut schleuderte er sein Gewehr weg. Er war offensichtlich gescheitert. Hiziya sprang beinahe in die Luft. In ihr stieg eine Ahnung auf, daß dieser Mann sie nie erringen würde.

Am Hochzeitstag war das Zelt festlich mit prächtigen Teppichen geschmückt. Zwei Freundinnen kleideten Hiziya in ein samtenes, mit Goldfäden durchwirktes Gewand, während andere Freundinnen und Nachbarinnen sie umringten. Alle beneideten die Braut und konnten nicht verstehen, weshalb sie an solch einem Glückstag unglücklich war. Hiziya hoffte noch insgeheim auf Said. Doch Brahims stattliche Karawane kam, um sie abzuholen. Man hob sie auf ein buntgeschmücktes Kamel, der lange Zug setzte sich in Bewegung, und Hiziya wurde zu Brahims Wohnstätten gebracht.

Als Hiziya in das prachtvolle Zelt Brahims trat, war sie traurig wie nie zuvor, ohne Hoffnung. Viele Frauen und Mädchen warteten auf sie. Sie kämmten ihr das Haar, schminkten sie und legten ihr Schmuck an. Ihre stille Trauer fiel ihnen auf, sie glaubten, daß sie unter der Trennung von ihren Eltern und ihrer vertrauten Umgebung litt. Sie redeten auf sie ein, sangen Lieder vom neuen Leben und tanzten für sie. Erst spät verließen die Gäste das Zelt, damit Brahim seine Braut allein fände. Allmählich erloschen die Lichter, der Lärm der Hochzeitsfeier verebbte.

Spät betrat Brahim das Hochzeitszelt. Er schien fast benommen, als er sich seiner Braut näherte. In der Stille der Nacht vernahm er plötzlich zu seinem Erstaunen ein klagende Stimme. Es war wie eine klagende Melodie, die näherkam. Er wußte jedoch nicht zu sagen, ob es eine menschliche Stimme oder der Klang einer Flöte war. Es kam ihm vor, als riefe diese Stimme den Namen seiner Braut: Hi-zi-ya!

„Wer ruft dich", fragte er wie erwachend. „Wer wagt es, mich in meiner Hochzeitsnacht zu stören?

Er stürzte aus dem Zelt und suchte in der Umgebung nach dieser Stimme, die immer noch in seinen Ohren tönte. „Hi-zi-ya".

Als er jedoch niemanden in der Nähe finden konnte, ergriff er sein Gewehr, stieg auf sein Pferd und stürmte in die Nacht. Viele Stunden später kehrte er erschöpft zurück, erfolglos und vor Wut bebend. Auch in den darauffolgenden Nächten erhob sich die Klage um Hiziya in der Nacht, und jedesmal brach Brahim auf mit seinem Gewehr, um diese Schmach zu rächen, aber immer vergeblich. Nach sieben Nächten verstieß er Hiziya und schickte sie heim.

Als Hiziya in das elterliche Zelt zurückkehrte und sich die Nachricht herumsprach, schämten sich die Eltern ihrer Tochter. Lange lebte Hiziya zurückgezogen und wartete, daß vielleicht doch Said, von dem man seit ihrer Hochzeit nicht mehr gehört hatte, käme und sie aus ihrer hoffnungslosen Lage befreite.

Eines Tages aber verschwand auch Hiziya. Man erzählte sich, daß Said eines Nachts heimlich mit ihr getraut worden sei, mit Zustimmung der Eltern. Von ferne soll sie beim Wasserschöpfen an einem Brunnen gesehen worden sein.

Nach einer anderen Erzählung aber soll Hiziya heimlich in der Nacht das Zelt der Eltern verlassen haben, um Said zu suchen. Meloud soll ihr eine Nachricht gebracht und ihr den Weg gezeigt haben, doch sei sie nie bei Said angekommen.

Jedesmal wenn diese Geschichte erzählt wird, streiten sich die Leute über das Ende.

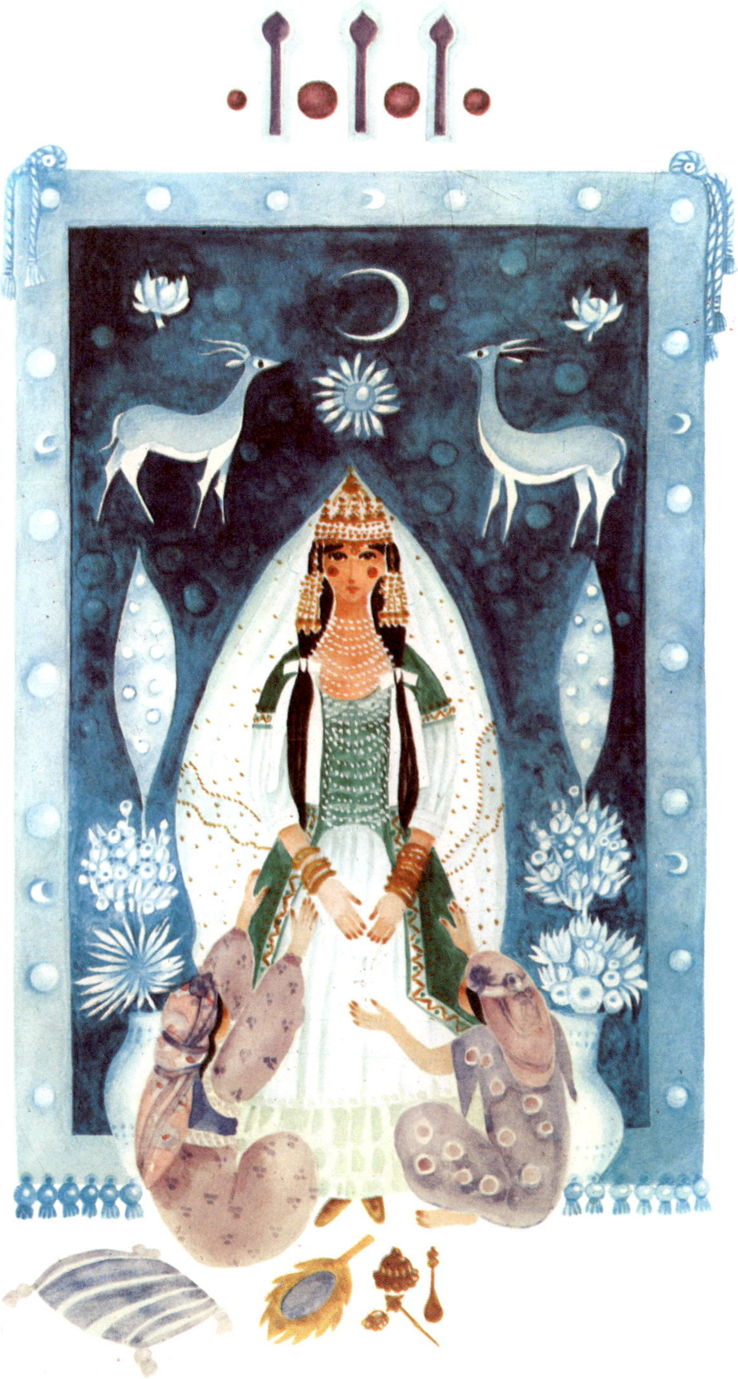

Anmerkungen

Algerien

Die Demokratische Volksrepublik Algerien ist mit fast 2,4 Millionen Quadratkilometern Fläche der zweitgrößte Staat Afrikas, etwa so groß wie Westeuropa und der zehntgrößte Staat der Erde. Algerien hat Grenzen mit Marokko, Mauretanien, Mali, Niger, Libyen und Tunesien.
Die Einwohnerzahl beträgt rund 20 Millionen; die Hauptstadt ist Algier mit drei Millionen Einwohnern.
Staatsreligion ist der Islam, zu dem sich fast die gesamte Bevölkerung bekennt. Hinzu kommen etwa 80000 Christen – es gibt je einen Bischof in Oran und in Algier – und eine jüdische Minderheit.
Der Freitag ist, wie in allen anderen islamischen Ländern, der Ruhetag.
Djeziret el-Maghrib, Insel des Westens, nannten die Araber im Mittelalter den Teil des Reichs, der heute den Norden der Staaten Algerien, Tunesien und Marokko bildet.
Alle Völker bzw. Volksstämme – Phönizier, Numider, Römer, Araber, Türken, Spanier und Franzosen, die in diese Gebiete Nordafrikas kamen, haben sich vermischt. Im heutigen Algerien geht es darum, die nach unendlich langen und schweren Kämpfen erreichte Unabhängigkeit und nationale Einheit zu bewahren, das Land zu entwickeln, das Kulturerbe wiederzuentdecken und zu pflegen. Bei allen Überschneidungen und Überlagerungen der verschiedenen Kulturen, deren Ergebnis die heutige algerische Kultur ist, war vor allem die der Araber prägend. Bereits im 8./9. Jahrhundert gab es drei große islamische Königreiche in Nordafrika.
Da während der französischen Kolonialzeit (1830-1962) die arabische Sprache und Kultur unterdrückt wurden, gilt es seit der Unabhängigkeit Algeriens (1962), der Nationalsprache Arabisch wieder ihren Platz zu geben.
Fremdsprachen, an erster Stelle Französisch, an zweiter Englisch, werden in den Schulen unterrichtet und sollen weiterhin eine entscheidende Rolle im Ausbildungswesen spielen.

Berber

Griechische Bezeichnung für Nichtgriechen bzw. Ausländer. So nannten auch die Araber Volksstämme, die in Nordafrika lebten(siehe auch NUMIDER). Dies war eine herabsetzende Bezeichnung, genauso wie Numider = Nomaden und noch sehr oft die Bezeichnung „Ausländer". Alle Völker verhalten sich in dieser Hinsicht ähnlich, wenn es darum geht, sich von bestimmten Gruppen abzuheben.
Woher die Berber genau kamen, ist unbekannt. Sicher ist, daß sie mit den Numidern identisch sind.
Ibn Khaldun, der erste arabische Soziologe, erwähnt verschiedene Hypothesen über den Ursprung der Berber. So behaupten einige, sie seien nach einem Dammbruch aus dem Jemen gekommen, andere geben ihnen Palästina zur Heimat, aus dem sie von einem Perserkönig vertrieben worden seien, wieder andere gehen bis auf Goliath zurück. Einer weiteren Version zufolge werden sie zu den semitischen Völkern gerechnet. Dies würde mit den neuesten Forschungen übereinstimmen, die die Schrift der Numider auf ein orientalisch-semitisches Ur-Alphabet zurückführen, das im frühen 2. vorchristlichen Jahrtausend irgendwo im syrischen Raum entstanden sein soll.
Am stärksten haben sich die Berber mit den Arabern vermischt, angezogen vom Islam und seinem Gleichheitsgrundsatz.
Von 20 Millionen Menschen sprechen heute, neben Arabisch bzw. dem algerischen Arabisch, noch ungefähr 4 Millionen unterschiedliche Berberdialekte, von denen nur die Tuareg ihre Schrift erhalten haben.
Die bekanntesten Gebiete, wo Berber leben, sind die große und die kleine Kabylei. Dort leben die Kabylen. Dann das Aurès-Gebirge, wo die Chaoui sich angesiedelt haben, und tief im Süden der Sahara, im Hoggar, die Tuareg.

Cirta

Das heutige Constantine.
Nach der Schlacht von Zama (202 v. Chr.) verlor der Numiderkönig Syphax, der Parteigänger der Karthager gewesen war, seine beiden Hauptstädte Cirta im Osten und Siga im Westen an die Römer und ihren Bundesgenossen Masinissa. Die Geschichte von Sophoniba und Masinissa war schon in der Antike bekannt (Livius).

Emir Abd El-Kader

1808-1883, geboren in Mascara.
Emir Abd El-Kader war der erste „Moujahid", der erste Freiheitskämpfer, der für eine moderne algerische Nation einen Widerstand organisierte und für die Unabhängigkeit kämpfte.
Er hat national, aber nicht nationalistisch gedacht. Ein bekannter Ausspruch von ihm ist: „Fragt niemals, wo der Ursprung eines Menschen ist, befragt vielmehr sein Leben, seine Taten, seinen Mut, seine Eigenschaften, und ihr werdet wissen, wer er ist."

Erdbeben

Algerien ist ein Erdbebengebiet. Oran wurde 1790 fast vollständig zerstört. El Asnam erlebte am 9. September 1954 und nochmals am 10. Oktober 1980 mit über 10 000 Todesopfern eines der schlimmsten Erdbeben.
Zu allen Zeiten und bei allen Völkern, die sich solche Naturkatastrophen verstandesmäßig nicht erklären konnten, dienten Legenden dazu, sich diese unverständlichen und unglaublichen Vorgänge zu erklären.

Hand

Die Hand ist ein altes Zeichen göttlicher Macht und Gegenwart. Sie war schon seit dem 5. Jahrhundert v. Chr. ein Symbol von Tinnit, einer nordafrikanischen Gottheit. Außer in Nordafrika war der Kult von Tinnit – die manchmal der Artemis gleichgesetzt wird – in den spanischen Einflußgebieten Karthagos verbreitet. Das Symbol ist aber noch viel älter, denn man findet es auch in den berühmten Felszeichnungen Algeriens, die acht Jahrtausende Geschichte der größten Wüste der Erde und damit auch der Geschichte der Menscheit erzählen.
Die Hand als Symbol der Gerechtigkeit sieht man auch auf dem großen Portal durch das man in die Alhambra, den berühmten arabischen Palast in Granada, Spanien, gelangt.
Das Symbol ist zunehmen als Glücksbringer aus Plastik in Autos und Geschäften zu sehen, wo es nur noch entfernt an seine ursprüngliche Bedeutung erinnert.

Kuskus

Kuskus ist das Nationalgericht in Algerien, und zwar in allen Schichten. Kuskus besteht aus Weizen – oder Maisgries, der zu Körnchen gerollt wird. Man ißt ihn süß mit Zucker und Zimt oder auch nur mit dicker Milch und an Festtagen mit Fleisch und Gemüse. Kuskus ist in ganz Nordafrika verbreitet, und es gibt viele Geschichten über ihn. Die Art der Zubereitung ist nicht nur von Land zu Land verschieden, sondern auch von Region zu Region.

Marabout

Französisch, von dem Arabischen „morâbit". Der Marabout ist ein Heiliger, dessen Grab, die „Koubba", eine Pilgerstätte ist. Die „Marabouts", Einsiedler, die nach ihrem Tod heilig gesprochen werden, sind streng genommen im Islam verboten. Während der Kolonialzeit wurde der Glaube an diese Heiligen von der Kolonialmacht gefördert, um das Volk von der Politik abzulenken. Doch bis heute sind diese Heiligen, die wohl aus vorislamischer Zeit stammen, sehr beliebt, und ihre Grabdenkmäler, die Koubbas, gehören nun zur Nationalkultur. Manche Orte sind bekannt dafür, besonders viele Heilige bzw. Denkmäler zu haben, und viele Leute, besonders alte, pilgern dorthin, um Hilfe zu erbitten.
Die Bezeichnung „Marabout" stammt aus der Kolonialzeit; die Algerier nennen diese Heiligen „Walis", was im Arabischen u.a. „Heiliger" bedeutet.
Früher dienten diese Denkmäler dazu, ein Dorf zu schützen, und zwar in allen vier Himmelsrichtungen. Deshalb gibt es in vielen Ortschaften mindestens vier. Lebende Weise und Gelehrte werden in Algerien Taleb genannt.

Mozabiten

Bewohner des M'Zab, genannt nach dem Wadi (Fluß) M'Zab. Sie haben fünf Städte erbaut und mittels eines komplizierten Kanalsystems Oasen angelegt, die ein- bis zweimal im Jahr zur Regenzeit durch den Wadi M'Zab bewässert werden.
Die Städte liegen mitten in der Wüste, und man sagt, nur Verbannte oder Heilige könnten sich zu einem Leben hier bereit finden!
Die Mozabiten sind strenggläubige Moslems und befanden sich aufgrund eines Religionsstreites innerhalb des Islams auf der Flucht und lebten von ungefähr 661 an im Exil in Nordafrika.
Die berühmtesten Architekten unserer Zeit, wie z. B. Le Corbusier, haben die Bauten und Denkmäler der Mozabiten studiert.

Numider-Numidien

Das Hinterland von Karthago.
Die Bezeichnung Numider kommt ursprünglich von „Nomaden". Die Römer verwendeten sie zuerst für die Nomaden, später aber auch für die seßhafte Bevölkerung Nordafrikas.
Das römische Numidien war so groß wie das heutige Bayern und ein kleines Gebiet im Vergleich zum heutigen Algerien.
Es war der Numider-König Masinissa, der den ersten Staat gründete und die beiden damaligen Hauptstämme zu einem Reich vereinigte, 201 v.Chr. Nach seinem Tod 148 v. Chr. folgte sein Sohn Micipsa, danach dessen Adoptivsohn Jugurtha, der den ersten Widerstand gegen die Römer wagte.
Die Numider besaßen bereits eine Schrift und zwar eine typisch semitische, reine Konsonantenschrift, ohne Vokalbezeichnung. Die numidische Schrift gehört zu der großen Familie altweltlicher linearer Buchstabenschriften, die alle auf ein orientalisch-semitisches Ur-Alphabet zurückgehen.
Die numidischen Schriftdenkmäler entstanden nicht nur unter dem Einfluß fremder Vorbilder, sie standen auch von Anfang an in Konkurrenz zu fremden Schriftkulturen, erst der punischen, dann der römischen. Die Romanisierung der Numider muß in der Kaiserzeit beträchtlich gewesen sein. Wer numidisch schrieb, galt als Konservativer. Auch die numidische Münzprägung verzichtete auf die nationale Schrift und verwendete das Punische. Als im Frühmittelalter das Lateinische vom Arabischen abgelöst wurde, wurde die numidische Schrift vollends verbannt. Wie durch ein Wunder hat sie sich erhalten in Felsinschriften, Monogrammen, als Zierschrift, als geheime Mitteilung aller Art, besonders zwischen Liebenden. Jedoch ist kein einziger literarischer Text überliefert. Als man spät und vereinzelt Texte in eigener Sprache aufzeichnete, übernahm man dafür bereits die arabische Schrift.

Nomaden

Die Nomaden haben seit Jahrhunderten ihre friedlichen Wanderwege kaum geändert. Heute versucht der algerische Staat, die Nomaden seßhaft zu machen. Über das Nomadenmädchen Hiziya hat der algerische Dichter Ben Guitoun eine Elegie in Arabisch geschrieben, und zwar nach mündlichen Überlieferungen in verschiedenen Varianten. Ein algerischer Regisseur hat diesen Stoff, wieder in einer anderen Variante, nochmals aufgegriffen und einen Film mit Laien, vor allem Nomaden, darüber gedreht.

Quelle

Algerien hat sehr viele Quellen, u.a. auch heiße, kleine Geysire, die schon die Römer als Thermalbäder benutzt haben.
Solche Orte sind immer mit „Ain" (Quelle) oder „Hammam" (Bad) gekennzeichnet.

Ramadan

Der Fastenmonat der Muslime, der sich jedes Jahr um elf Tage verschiebt und mit einem großen Fest „Aid Es Seghir", das Fastenbrechen, abgeschlossen wird. Das religiöse Jahr ist nach den zwölf Mond-Monaten eingeteilt. Deshalb sind alle Feste beweglich. Der islamische Kalender ist aber nur für das religiöse Leben maßgebend. In Alltag, Presse, Rundfunk, Fernsehen, Politik, Wirtschaft, Wissenschaft usw. richtet man sich nach dem gregorianischen Sonnenjahr.

Revolution

Die algerische Revolution begann nicht erst 1954. Man kann sagen, daß sie fast 130 Jahre gedauert hat, denn es gab bis 1954 mehrere Aufstände gegen die Kolonialmacht, aber eine Einheit zwischen den verschiedenen Gruppierungen wurde erst ab 1954 erzielt.
Die französische Kolonialzeit begann 1830. In die Küstenebenen Ostalgeriens zogen Siedler aus den reblausbefallenen Weinbaugebieten Südfrankreichs und aus den ehemaligen Seidenraupenregionen Drôme, Gard und Vaucluse. Außerdem Arbeitslose aus Bergbau- und Industrieregionen.
Sicher hat die Kolonialmacht auch Gutes hinterlassen, aber das sind die Widersprüche, die typisch für eine koloniale Reformpolitik sind, denn diese Reformen, die vor allem in der Endphase des Algerienkrieges durchgeführt wurden, sollten letzten Endes nur der Kolonialmacht dienen. Über 85% der schulpflichtigen Muslimkinder besuchten nicht die Schule. Zwar wurden gegen Ende des Krieges alle Sonderregelungen für Muslimkinder abgeschafft, soweit sie überhaupt in die Schule gingen, und sie wurden formal den europäischen Kindern gleichgestellt. Jedoch war die französische Schule auf die Gebiete mit hohem europäischen Bevölkerungsanteil konzentriert. Außerdem wurde bei den Lehrprogrammen insbesondere darauf wertgelegt, daß die Kinder Französisch lernten, so daß im Land eine kulturelle Entarabisierung eingeleitet wurde. Das arabische Schulsystem wurde vollständig vernachlässigt, und 1955 wurden die vorhandenen freien arabischen Schulen geschlossen. Am Ende des Krieges waren über 80% der gesam-

ten Bevölkerung Algeriens Analphabeten. Ein weiteres großes Problem als Erbe der Kolonialzeit.
Die algerische Revolution war eine Revolution durch das Volk und für das Volk. Am Ende nahmen alle Gruppen, die sich vorher nicht einigen konnten, und Bevölkerungsschichten daran teil, und zwar unter dem Motto: „Der Islam ist unsere Religion – Arabisch unsere Sprache – Algerien unser Vaterland.
Der 1. November 1954 war der Beginn der Revolution, denn mit Aktionen, die sich über ganz Algerien erstreckten, hatte die FLN (Algerische Befreiungsfront) gezeigt, daß sie das ganze Land kontrollierte. Der 1. November ist heute algerischer Nationalfeiertag.

Siga

Siga lag unweit des heutigen Beni Saf.
In der antiken Literatur taucht es zum ersten Mal im vierten Jahrhundert v. Chr. auf. In einem alten Seefahrerhandbuch wird Siga als „eine Stadt am Fluß und vor dem Fluß die Insel Akra" erwähnt.
Vor der Mündung des antiken Siga-Flusses, der heutigen Tafna, liegt die Insel Rachgoun, in der Antike Akra genannt.
Siga war neben Cirta die Hauptstadt des Königs Syphax. Dort gab es bereits eine königliche Münzstätte.

Sozialistisches Dorf

„Die Erde denen, die sie bearbeiten", heißt es in der National-Charta Algeriens von 1976, ein Grundsatz, der seit der Unabhängigkeit besteht. Was die Landwirtschaft betrifft, so existieren in Algerien immer noch zwei Welten, die moderne und die traditionelle, wobei der moderne Sektor immer mehr ausgebaut werden soll. Dies soll unter anderem durch Kooperativen erreicht werden, in denen Bauern arbeiten und in neuerrichteten Dörfern leben, die ihnen das Leben auf dem Land erleichtern und die Landflucht beenden sollen. Bis jetzt gibt es ungefähr 250 Dörfer.

Thuja

Ein Lebensbaum, Nadelholzgewächs mit schuppenblättrigen Nadeln. Dieser Baum ist auch Sinnbild des Lebens und der Lebenskraft.

Tuareg

Die Tuareg sind Berber und werden die „blauen Reiter der Sahara" genannt, weil sie einen blauen oder weißen Schleier vor dem Gesicht und eine blaue Gandurah, ein langes Gewand, tragen. Es sind nomadisierende stolze Krieger, die aber immer häufiger von ihren Kamelen steigen, um Landrover zu fahren.
Tamanrasset ist die Hauptstadt des Hoggar-Gebirges, wo sie leben. Hier liegt der höchste Gipfel Algeriens, der Assekrem, 2918 m hoch.
Ihre Schrift, die sogenannte libysche oder numidische Schrift, ist noch erhalten; sie heißt Ti-Finagh, griechisch Schreibtafel. Sie ist der letzte Überrest einer durch Jahrtausende blühenden numidischen Schriftkultur, die noch auf Grabsteinen und Felsinschriften zu finden ist.